SERVICE
REVOLUTION

重新定义中国服务

服务的革命

候芳 著

华夏智库·新经济丛书

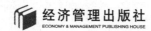

经济管理出版社
ECONOMY & MANAGEMENT PUBLISHING HOUSE

图书在版编目（CIP）数据

服务的革命——重新定义中国服务/候芳著. —北京：经济管理出版社，2017.7
ISBN 978 - 7 - 5096 - 5235 - 0

Ⅰ. ①服… Ⅱ. ①候… Ⅲ. ①服务业—研究—中国 Ⅳ. ①F719

中国版本图书馆 CIP 数据核字（2017）第 168413 号

组稿编辑：丁慧敏
责任编辑：丁慧敏
责任印制：黄章平
责任校对：陈 颖

出版发行：经济管理出版社
　　　　　（北京市海淀区北蜂窝 8 号中雅大厦 A 座 11 层　100038）
网　　　址：www. E - mp. com. cn
电　　话：(010) 51915602
印　　刷：玉田县昊达印刷有限公司
经　　销：新华书店
开　　本：720mm × 1000mm/16
印　　张：13. 25
字　　数：168 千字
版　　次：2017 年 8 月第 1 版　2017 年 8 月第 1 次印刷
书　　号：ISBN 978 - 7 - 5096 - 5235 - 0
定　　价：38. 00 元

让中国服务遇见优雅

古往今来有太多的文字描写遇见：

"蒹葭苍苍，白露为霜，所谓伊人，在水一方。"是撩动心弦的遇见。

"这位妹妹我曾经见过。"是宝玉和黛玉之间，初见面时欢喜的遇见。

"幸会，今晚你好吗?"是《罗马假日》里，安妮公主糊里糊涂的遇见。

"遇见你之前，我没有想过结婚；遇到你之后，我结婚没想过和别的人。"是钱钟书和杨绛之间决定一生的遇见。

"暮然回首，那人却在灯火阑珊处"是百转千回的遇见。

随着中国国际地位的与日提升，一场场大型的国际化接待，让"中国服务"给全世界留下了深刻印象。从"中国制造"到"中国服务"，当你遇见"中国服务"，当"中国服务"遇见优雅，又是怎样的一种怦然心动?

"优雅"一词来自拉丁文"eligere"，意思是"挑选"。优雅，是我们生活中不可缺少的东西，更是一种习惯。

优雅是一种和谐，类似于美丽，只不过美丽是上天的恩赐，而优雅是艺术的产物。优雅从文化的陶冶中产生，也在文化的陶冶中发展。

一、中国服务文化层面之遇见"优雅"文化

中国服务建立在西方服务标准化基础上，融合东方人的特点，运用中国传统的优良礼仪文化从心出发，创造出的一种亲情式的服务；其有别于西方恭敬有礼的服务理念，更加注重亲情、个性。

谈到"中国服务"文化，我们不得不提到两个词语：一个是"绅士风度"，另一个是"君子风范"。"绅士风度"这个词经常出现在酒店人培训中，那么何谓"绅士风度"？它源于欧洲，发展于骑士精神，以贵族精神为基础，融合了各阶层的某些价值观念，是一种全新的社会文化。在中国，其实更应该提到的是"君子风范"。何谓"君子"？《论语》对这个词用五个字做了概括：恭、宽、信、敏、慧。博大精深、意义深远，这才是我们应该弘扬的中国文化！中国服务，应该是国学的传承，应该是传统文化的更迭。当我们将中国传统文化服务与西方服务精妙结合时，需要取其精华去其糟粕，需要让中国服务国际化、让国际服务中国化。

当然，除了"君子风范"外，结合酒店行业的特点，我认为，"中国服务"更应该注重三个层面的内容：

第一个层面，服务修为——心善美好。"心"，服务要从心出发，服务要回报真心，服务是创造爱心；"善"，服务要以善作魂、以和为贵、以心为先；"美"，不仅要外貌美，更要形象美、姿态美；"好"，服务的过程中要表情好、接待好、沟通好。

第二个层面，服务呈现——和静致雅。"和"，身体调畅清和，乐在工作；"静"，不受外在滋扰，坚守本色、秉持初心、改善服务心智模式；"致"，感受极致服务体验，深刻感受服务之别致；"雅"，展现新风采，将员工打造成企业亮丽的风景线，塑造服务形象。

第三个层面，服务场景——意境五觉。入住酒店是综合体验感受，只有关注顾客的听觉、视觉、味觉、嗅觉与触觉，才能让宾客找到感觉。

中国传统文化博大精深，中国传统文化蕴含着优秀的传统，对"中国服务"有深远的指导意义，我们要回归、探索服务之本源，要秉承"心为本，善作魂，好为源，美是果"的理念，用优雅的呈现来传播"中国服务"，共同铸造中国梦、酒店梦！

二、中国服务行为层面之遇见"优雅"艺术

服务也是一种艺术，需要用心创造，因为只有创造才能称为艺术！用工匠精神来服务，用心雕琢才能称为艺术。

很多人认为服务行业很低端。其实，端茶倒水只是服务呈现，点头哈腰也只是表象，互联网时代，所有产品都是服务！在"服务为王"的时代，服务行业的组织者和管理者必须具备用心创造服务的心态，而这也是酒店致胜的关键！

工匠精神的核心是：只有一流的心性，才有一流的技术！将其运用到服务艺术中就是：只有一流的心性，才有一流的服务！服务创新并不难，只要多花一些心思，自然会感动一批宾客，塑造一批忠诚客户从而收获众多的粉丝。服务是一门艺术，具体该如何呈现？如何拥有内在的优秀服务品质？这就需要我们参与创造，积极感悟了！

服务的高贵在于，服务本身的专业度和服务之外的兼容度。开元酒店集团的宴会师又叫"宴会设计师"，是一种流动在黑与白之间的服务艺术。

如果客户是个左撇子，再次来到酒店，酒店会提前为他调整好餐具的摆放位置；如果客户是位正在塑造曼妙形体的女士，再次来到酒店，酒店会提前为她制定好专属的个人健康菜单；如果客户喜欢品酒，再次来到酒店，酒店就会将酒品、年份、品质、产地等向其娓娓道来；如果客户平时爱好昆曲，再次来到酒店，或许也能在酒店找到知音；如果客户是位芭蕾高手，甚至还能在酒店找到最佳舞伴……

酒水知识、西餐礼仪、营养学、宴会史、VIP宴会服务，他们驾轻就熟；设备维护、服务心理、沟通技巧、会议布置，他们熟能生巧；国际风俗、宗教文学、戏曲茶艺、舞蹈训练，他们了然于胸。他们都是具有世界眼光、战略思维，熟悉国际惯例和规则，精通行业知识的行业领军人才！

当你遇见美丽的酒店人，一定会看到这样一幅画面：工作人员着装整洁、仪表端庄，身姿大方优雅，微笑亲切谦和，用语规范得体，喜迎八方来客。

遇见《服务的革命》这本书，您一定会获得新的启发，让中国服务助力酒店行业发展，提升行业素质！让我们一起做一个优雅的酒店人！

李勇

中南财经政法大学兼职教授

锦禾国际酒店管理学院首席训导师

深圳铂禩酒店管理有限公司创始人

锦禾智业企业管理咨询有限公司董事长

目　录

下篇　服务系统：服务6S系统构建

上篇　服务本质:"中国服务"品牌构建

第一章

"中国服务"：助力酒店行业转型

21 世纪：服务制胜时代

服务业是随着商品生产和商品交换的发展，继商业之后出现的一个新行业。

商品的生产和交换扩大了人们的经济交往，为了解决人的食宿、货物的运输和存放等问题，出现了饮食、旅店等服务业。

其实，最早出现的服务业，主要是为商品流通服务的。随着城市的繁荣、居民数量的日益增多，不仅对服务业的需求量增加，而且服务业逐渐转向以为人们生活服务为主。

社会化大生产创造了较高的生产率和发达的社会分工，生产酒店中某些为生产服务的劳动就逐渐从生产过程中分离出来，比如，工厂维修车间逐渐变成修理酒店，加入了服务业的行列中，成为一个为生产提供服务的独立行业。

服务业从为流通服务到为生活服务，进一步扩展到为生产服务，经历了一个漫长的历史过程，其社会性质也随着历史的发展而变化。21 世纪是个服务制胜的时代！为了加深对服务的理解，我们先来看这样一个故事：

有一位著名的日本癌症专家，每到冬天他都会在自己的口袋里放一个手炉，因此他的手总是热乎乎的。

到他那里就诊的人，一般都饱受病痛折磨，可是他们却对专家抱有极大的希望。当病人伸出手让专家诊断时，他们就会接触到一双温暖的手，便会重新燃起希望之火，产生治愈的信心。假如与之接触的手非常冰冷，病人的心可能也会因此发凉，丧失生的希望。

为什么服务业这么重要？酒店服务为什么这么至关重要？主要原因就在于，酒店服务包含着极高的技术含量、极深的人文情怀、浓郁的文化氛围、厚重的感情色彩……这些都是谁创造的？由从事服务的人一起创造的！

在给学员做培训的时候，笔者听说过很多关于服务的感人故事，也读到过大量有关五星级服务品质的佳话。这些奇迹的出现，都是由从事服务的人员用真诚换来的。

以服务制胜是传统酒店的竞争之道！

在新形势下，服务被赋予的内容更深刻、更细化，尤其在服务的创新方面。如今，客人的要求越来越细致，酒店业服务品质的创新也就成了酒店占领客源市场的制胜法宝！

日本有家旅馆修建在一个偏僻的地方，生意清淡，老板十分苦恼。

一天，老板在旅馆工作会议上对大家说："你们能说说别家旅馆的优势吗？有什么好的建议可以提提。"可是，下属们什么都说不出什么。因为旅馆生意一直都不太好，地理位置很偏僻，几乎没有什么优势可言。

老板看着一句话不说的下属，发出了长长的叹息。这时，一个平时喜欢开玩笑的清洁工说："老板，咱们这儿只有很多未被开发的荒山野地和寒风……除了这些，我确实想不出什么优势来。"

老板有所感悟，于是便发出了"栽种爱情树"的广告。于是，一对对年轻人就以爱的名义聚集到了这里，旅馆的生意好了起来。后来，旅馆老板甚至还成了闻名全日本的酒店管理大王；小旅馆附近的荒山也因为一棵棵爱情树而变成了绿色的世界。

案例中，这位精明的老板，靠着服务创新，不仅抓住了"爱情树"这个吸引客人的商机，还找到了可以变劣势为优势从而使旅馆起死回生的契机。

在激烈的市场竞争中，只有实施了科学的发展战略、让酒店的服务具有核心竞争力，才能受到更多消费者的信任和青睐。因此，为了引起更多客人的关注，就要积极塑造优秀服务品质，打造高效的服务平台。

作为酒店，要想在市场中获得竞争的优势地位，必须增强内部凝聚力和外部竞争力。从某种意义上来讲，酒店的内部凝聚力甚至决定着酒店的外部竞争力；一个内部秩序井然、团结进取的酒店团队，核心竞争力也是巨大的！

从大范围来看，现代酒店管理已经进入了一个以人为本的管理时代，酒店的生存发展、兴衰成败归根结底都在于人，取决于员工的积极性、主动性和创造性！

21 世纪是服务的时代，是制胜的时代，要想制胜行业，就要在服务上下功夫！

回顾与展望：中国式服务进行曲

如今，欧美日等发达国家和地区，在国民生产总值中，服务业占据着相当大的比重。中国酒店也已经意识到，从廉价劳动力代工制造转型到高附加值服务产业是未来必然的趋势，否则利润都会被他人获得。

在过去的数百年，众多酒店都没有服务的概念与习惯，酒店一直都是居高临下地管着客人，客人只能逆来顺受。众多商家防客如防贼，即使是在21世纪的今天，依然是"货物一经售出，概不负责。"

当一个国家的国民素质远远落后于其他国家时，确实无法想象，自敬人敬、自爱人爱是一种什么样的境界。虽然钱赚多了，但不懂得善用资产，仅一味炫耀、做些粗浅的表面工作。如此，就让很多酒店迷失在了人性的十字路口，或者在某些重要的环节上还没改革成功，或者根本尚未触及核心！

20世纪80年代末，北京的一家国营商店里，服务员居然背对着客人、戴着耳机、自顾自研读英语九百句型。叫她，她也完全没反应。这就是长期"吃大锅饭"带来的后遗症，无论做多做少，工资都一样。没有业绩奖惩，也就没有任何工作动机。"管理"这两个字当时也许只有政治意义，而无任何商业意义。

20年后，中国跟世界接轨，众多酒店也意识到了服务对于产品的重要性；终于明白，销售不仅是卖东西，还要顾及整个交易过程，需要吸引回头客；当同类产品充斥市面时，服务素质与客人体验就显得更为关键了。有些商家也开始高唱"服务"赞歌，客人成了上帝。

可是，理想的服务是不卑不亢、适时适当的。贴切的服务是门大学问，是对人性的探索与开发，不是想起什么就干什么，也不是一厢情愿。优秀的酒店，不仅会把服务精神深植于酒店文化，还会教授员工如何恰当地体现出服务精神，给客人创造愉快的体验。

如今，很多专家学者都提出了"中国服务"这一新命题，"中国服务"也就成了酒店未来发展的重要战略。中国式服务在西方服务标准化的基础上，融合东方人的特点，运用中国传统的优良礼仪文化，从心出发，创造出了一种亲情式服务。其不同于西方恭敬有礼的服务理念，更加侧重于亲情和个性！

从"中国制造"到"中国服务"

随着中国国际地位的逐渐提高，一场场大型的国际化接待让"中国服务"给世界留下了深刻的印象。从"中国制造"到"中国服务"，下一步更需要研究"中国服务"，推进"中国服务"。

创造服务业的品牌一定是从酒店业开始！如今，酒店业已经走过了30多个春秋，始终都是我国和国际接轨的龙头，现在更要将"中国服务"品牌化推广到世界各地。

在产品日益同质化的今天，我们要做好的服务就是创新！一直以来，服务都是酒店参与市场竞争的一个秘密武器，甚至还是酒店的核心竞争力。如果说客人是酒店的生命，那服务就是维持这种生命的血液，所以对于任何一个酒店来说，服务并不是一种可有可无的简单策略，需要将其上升到战略高度，才能保证服务理念的真正执行，继而形成一种真正的酒店文化。

从"中国制造"到"中国服务"，酒店业一直都没有停止行动。在过去的两年里，我国每年都有约1600家新建酒店投入使用，总投资接近4000亿元。选择酒店管理模式的时候，除了部分国内连锁酒店外，大部分高端酒店采用的都是中方投资建设、外方品牌管理的模式，如绿地、万达、银泰等中国房地产企业建设的酒店也大多采取这种管理模式。

业内估算，中国酒店80%的利润来自20%的酒店；而这20%的酒店中，又有80%是外资品牌。目前，国内酒店业已经认识到了这个问题，纷纷举起了转变的大旗，试图通过加强管理、提升服务品质等途径，改变高端市场外资品牌独大的局面，建立自己的中国式服务。

如今，"中国制造"已然成形，"中国服务"正在崛起，中国酒店的转变对"中国服务"品牌的提升具有战略意义。

中国经济最重要和增长最强劲的两个地区都要以现代服务业作为主导产业，这一转型如果取得成功，在未来不长的时间内定然会出现一个"中国服务"的时代。

1. 以服务为核心的制造业升级

将现代服务业作为主导产业，并不意味着要抛弃"中国制造"而取"中国服务"。

从长三角和珠三角地区产业转型的规划来看，"服务"概念的崛起主要包含两方面的内容：一是以现代服务业为主导产业，二是在制造业升级过程中突出制造业的服务化转变。也就是说，"中国制造"和"中国服务"并不是互相排斥的。

问题的关键不在于不同产业此轻彼重的区分，而在于是否有"服务"意识和"服务"精神。缺少服务意识和服务精神，不仅酒店升级会失去方向，酒店发展也将失去灵魂。

近年来，人们对"'中国制造'何处去"的讨论经常会提及从"中国制造"到"中国创造"的转型，相对注重技术研发和创新。但最近越来越多的人已经意识到，进行酒店技术创新的时候，如果不以市场需求为导向，或者缺乏服务意识，是很容易失去方向的，比如，提高研发成本的不合理性，错失酒店发展时机，有的甚至会遭遇灭顶之灾。

2. “中国服务”的核心竞争力

如果想了解“服务”对于酒店转型升级的关键意义，就要到德鲁克的经典论述那里重新思考和理解。

在《管理的实践》一书中，德鲁克提出了“酒店是什么”的问题，同时还提出了一个很重要的问题：“我们（酒店管理者）的事业是什么？”这些问题很简单，但却是酒店成功最重要的问题，也是酒店经营之根本。

德鲁克认为，率先回答这个问题的人是 20 世纪初担任 AT&T 总裁的威尔，他说：“我们的事业就是服务。”德鲁克认为，“我们的事业是什么”并不是由生产者决定的，也不是由公司的名称、从事的领域来决定的，而是由客人来决定的，由客人购买商品或服务时获得满足的需求来决定的。要回答这个问题，就要从外向内看，每时每刻都要将客人的所见所思、所相信和所渴求的，当作客观事实认真看待，但是能做到这点的酒店并不多。

德鲁克的这些分析，对“中国制造”到“中国服务”的转型具有重要的启发意义。如果说“中国制造”的核心竞争力在于劳动力、环境等方面的低成本优势，那么“中国服务”的核心竞争力在哪里？“中国制造”服务化的核心竞争力在哪里？

德鲁克的论述告诉我们，“中国服务”要具备基本的竞争力，先要刷新中国酒店对“酒店是什么”的看法，酒店不仅是赚钱的工具，酒店追求的也不是无限度的利益最大化，而是更好地为客人提供服务。

“管理”非常重要性，服务酒店如果想提高竞争力，就要先提高“以服务作为事业”的管理水平。“中国服务”享有劳动力成本低等传统优势，从“中国制造”到“中国服务”，从“以产品为中心”到“以用户为中心”，固然意味着产业重心的转移，但同时也意味着在“服务”这一新的产业层面，

"中国服务"依然有着很强的劳动力成本优势!

"中国服务"的时代大背景

物质力是生产力,文化力是生产力,服务力也是生产力,服务业是生产力的重要载体之一。现代服务业的划分标准共有两种:

(1)按照服务业的不同构成要素对资本、技术和劳动力投入要求的密集程度划分,把资本密集型服务业和知识技术密集型服务业定为现代服务业,而把劳动密集型服务业定为传统服务业。

(2)按照服务业在人类历史上存在时间的长短来划分,把工业化后期大规模发展起来的新兴服务业,如银行、证券、信托、保险、基金、租赁等定为现代服务业,而把早已存在的服务业,如商业、贸易、餐饮、旅游等定为传统服务业。

2014 年,国家发展改革委认真贯彻落实了党中央、国务院决策部署,加快完善产业发展的相关政策和市场环境,发挥市场在资源配置中的决定性作用,强化创新驱动,加快改造提升传统产业,推动了服务业的发展,促进了产业的转型升级。

首先,围绕促进制造业转型升级和加快农业现代化进程,推动生产性服务业向中高端发展,深化产业融合,细化专业分工,增强服务功能,提高产业整体素质和核心竞争力。

其次,围绕满足人民群众多层次多样化需求,大力发展生活性服务业,丰富服务供给,完善服务标准,提高服务质量,不断满足广大人民群众日益增长的物质文化生活需要。

最后，围绕体制突破和机制完善，深入开展国家服务业综合改革试点和服务业发展示范区建设，加强制造业集聚区、服务业集聚区公共平台建设，积极探索、先行先试创新发展模式，完善体制机制和政策措施，破解制约服务业发展的瓶颈。

2016 年 1 月，国家统计局公布了一组关于服务业的最新数据：全年国内生产总值比 2015 年增长 6.9%。其中，第三产业增加值 341567 亿元，增长 8.3%。全年第三产业增加值占国内生产总值的比重为 50.5%，比 2015 年提高 2.4 个百分点；产业结构继续优化，经济增长动能完成转变。其中，旅游业年收入始终保持两位数增速，带动了交通、住宿等多行业的共同发展。

在中国酒店转型发展的新阶段，在落实供给侧结构性改革并着力提高供给侧体系的质量和效率的要求下，倡导"中国服务"理念，创新服务精神，传承服务文化，丰富服务内涵，拓展服务外延将成为酒店持续发展的道路。

"中国服务"是一种理念、一种职业典范和现代经营管理的职能，在"中国服务"经济开始成为国民经济发展的重要引擎的背景下，在全行业倡导和推广"中国服务"成为中国酒店义不容辞的历史责任。这也是推动全行业在市场经济体制下可持续健康发展的重要举措！

"中国服务"的诞生具有三个层面的内涵：

（1）世界经济模式发展趋势需要国家调结构转方式。

（2）国内酒店需要创造世界商机，实现可持续发展。

（3）当前消费层面的需求层次从功能性服务上升为精神和情感服务。

由此，"中国服务"的核心思想完全可以总结为国际水平、本土特色和物超所值。

随着市场竞争日趋激烈，"中国服务"必然会有效助力各酒店打造核心竞争力。如今，服务理念已经不是服务态度好与不好那么简单，客人是感性和理性并存的，仅给客人提供物质上的优惠和创新是不够的，要想从情感上打动客人，就要对目标消费群体做信息采集和数据分析，继而与不同的目标群体做个性化沟通，让客人产生个性化的消费体验，从细腻的情感关怀上照顾到客人的每一个细节！

打造"中国服务"的品牌特征

近些年来，经济型酒店发展在中国异常活跃，比如，来自美国的经济型酒店"速8"（Super 8）品牌就为中国酒店的发展提供了有力支持。进入中国仅两年，就发展了十多家连锁加盟店。

当市场进入买方市场、竞争日趋激烈的时候，铸造品牌就成了一种新的利器，成为酒店战胜对手、赢得客人的重要法宝。近几年，我国经济型酒店不断涌现，不仅逐渐培养出了我国真正意义上的酒店品牌，还为其他酒店业态提供了宝贵的经验。

1. 品牌产品差异化，不可模仿

众所周知，酒店行业属于劳动密集型行业，其核心产品——服务是无形的，会随着消费过程的终止而终止，很容易模仿，因此没有什么专利可言。但在基本条件类似的情况下，面对众多酒店，为了保护自己的利益，消费者一般都会选择知名品牌酒店。因此，品牌的打造，不仅有利于形成酒店竞争优势，还能够保持自身的核心竞争力，抵御竞争者的简单模仿。

2. 品牌是一种消费象征

丽兹·卡尔顿酒店集团推崇尊贵享受，提倡"以惊喜的服务"给每一位客人留下美好的回忆，以"最完美的服务、最奢华的设施、最精美的食物与最高档的价格"形成了自己鲜明的酒店形象和酒店品牌。因此，虽然丽兹·卡尔顿收费比其他品牌略高5%左右，但客房出租率仍领先于其他品牌。

这就告诉我们，品牌是消费的象征，为了得到愉悦的体验和享受，即使支付更多的费用，消费者也是乐意的。这样，就为经营者提供了可观的利润空间和酒店发展空间。

3. 积极培养酒店消费者的忠诚度

在信息时代，消费者一般都被各种信息包围着，即使是一些微小的信息也能改变消费者的选择，其忠诚度极为有限。同样，酒店客户群的忠诚度也非常有限，如为了十元的价差，旅行社可能转向另一家酒店；为了获得一份免费早餐，商务客人可能重新选择酒店。只有酒店培养出自己的强势品牌，才能形成品牌忠诚，形成品牌的"磁场效应"！

4. 品牌极大地推动了酒店业的发展

品牌文化是酒店文化的重要组成部分，一旦将品牌文化做大做强，酒店文化定然能得到有效的推动和完善，两者相得益彰，互相促进。

酒店业，一般都注重经济效益，忽视社会效益，很多酒店在酒店文化的建设方面都是一片空白。如果能在狠抓经济效益的同时，高度重视品牌文化与酒店文化的建设，不仅有利于提高员工的凝聚力、归属感、自豪感，还可以有效提升品牌的认可度。那么，怎样塑造酒店业的品牌呢？

（1）进行有效的品牌定位。品牌经营的首要任务是品牌定位，品牌定位是品牌建设的基础、是品牌经营成功的前提！正确的品牌定位是未来发展良好的基础。否则，投入大量的人力财力物力，经营了若干年后才发现定位错误，必然会给品牌建设带来巨大的灾害。

（2）突出品牌设计理念。品牌外部视觉形象是酒店文化的集中展现，其设计是品牌经营的核心。缺少有效的品牌外部视觉形象，就不能有效地进行品牌传播，不能诱导客人消费购买，甚至影响到酒店长期的发展。品牌设计包括：名称设计、标志设计与网站设计等。

（3）积极塑造优秀品牌。注册了品牌商标后，要想打造品牌的知名度和美誉度，就要从品牌个性的确定、品牌形象的塑造、品牌文化的建设等方面入手，采用多渠道、多手段，对品牌内涵进行全方位打造。

（4）主动对品牌进行传播。品牌传播绝对不是单纯做广告，品牌传播是向目标受众传达品牌信息以获得他们对品牌的认同，并最终形成对品牌的偏好。现在，已经不是"酒香不怕巷子深"的年代了。有了好的设计、理念、包装还远远不够，还要通过适当的渠道、采取正确的手段，将品牌推向目标受众，使之接受并喜爱。

（5）关注品牌的动态发展。品牌塑造不是一成不变的！

首先，品牌会随着时代的变迁、环境的改变、酒店的发展、价值的提升而发生或多或少的变化。

其次，人的审美观、价值观处于不断的发展中。

最后，品牌自身有一个不断发展的过程，也有生命周期，不在适当的时机加以更新，必然会逐渐老化。

品牌塑造是一个动态的过程，包括品牌更新与品牌延伸等阶段。"路漫漫其修远兮，吾将上下而求索。"需要酒店业资深人士、专家学者、业主所有者以及有关人员的共同努力，才能一步步实现目标。

我国酒店业转型，路在何方

这两年，随便找个服务业峰会坐下，就能听到"大数据"、"互联网营销"、"极致服务"等名词，但至于怎么做，却没有具体的建议。

如今，中档酒店行业普遍不景气，体现了酒店经营的一个至高之理：安于现状的行业在市场上是没有立足之地的！与一线城市相比，中国二三线城市的酒店客房价格增长较为明显。随着二三线城市新酒店陆续开业，政府投资兴建新的交通设施，必然会进一步促进中国酒店客房价格的稳步增长。

全球各类连锁酒店所占比重分别为：豪华型5%，高档30%，中档37%，经济型20%，适用型8%。不过，经济型和适用型的酒店仅占28%，发展潜力较大。截至2012年，全国住宿餐饮酒店近330万家，年营业收入超过2万亿元，占当年GDP的5%左右。2011年全国餐饮收入20543亿元，同比增长16.9%，从业人员2200多万人。行业的增长幅度有所放缓，说明过去若干年的高利润时代已经过去，进入微利时代。

随着酒店行业竞争的不断加剧，大型酒店间并购整合与资本运作日趋频繁，国内优秀的酒店越来越重视对行业市场的研究，特别是对酒店发展环境和客人需求趋势变化的深入研究。正因如此，一大批国内优秀的酒店品牌迅速崛起，逐渐成为酒店行业的翘楚。

目前，酒店业的外部环境已然彻底改变，如消费群体、消费习惯、竞争对手等和以往已经大不一样。但是，大部分酒店却还没有意识到这一点。除了客人增加外，对手也增加了很多，高档酒店想下沉，经济型酒店想向上突破，没有优势，市场果实只能被别人摘取。

现在，需要做的只有一件事情，那就是思考如何打造竞争优势。就酒店战略而言，有两种打造竞争优势的方式：差异化战略，依靠酒店产品服务特色来获取竞争优势；低成本战略，在确保质量基本不低于对手的情况下，以低成本获取优势。一般情况下，两者不可兼得。酒店的一切资源与行为，包括组织结构、营销、运营、人力、财务等都是为它们服务的。

亚朵是一家连锁精品酒店，定位为酒店中端市场，入住率稳定在90%以上。亚朵的门市价相较于同地区、同级别酒店高出50~60元，这部分差异化的溢价就产生于亚朵高质量的服务。

亚朵知道，目前80后已经成为消费主力、90后是员工主力。这部分群体有更多的心理诉求，包括社交、归属、被人尊重和自我成长等。亚朵在这一方面做足了文章，打造了一个"员工以客人为上帝，管理以员工为上帝"的双层体系。

亚朵以"邻居"来形容与客人的关系，强调基于信任的服务特色，在信任的基础上，不需要太多的沟通成本，可以以无比简单的流程、最快的速度达到客人的要求，完全契合互联网精神和80后消费需求。

无抵押借阅：每家亚朵酒店都有一间藏书千册以上的图书馆，入住期间可以免费无抵押借阅，未读完可以带走；异地还书，不要任何手续。"书"式旅行为亚朵和客人创造了连接点。

无停留离店：退房时，只要将房卡交给前台，即可离店。

全员授权：向酒店员工授权，只要客人的服务需求设定在一夜间房费范围内，都可以直接调用，无须审批，比如，房客去餐厅忘了带钱，可以直接从前台取款使用。

一个好的管理体系，责任、权力、利益是完全对等的。基层员工直接对应客人，他们的责任最大。亚朵的一线员工几乎全是90后，这是一个很有创造力的群体。

（1）亚朵权力最大的部门是客服中心，即前台。该部门的主要工作项目有：

责任：服务中心有义务满足客人的一切合理要求。

权力：服务中心对其他部门有领导权力，有权力调动包括客房、厨房等其他部门的资源，同时服务中心的评价对其他部门的考核有很大的权重。

利益：完全落实全员授权，一夜间房费，做得好，可以得到正向结果，比如表扬、得奖；做得不好，不会受到批评与惩罚。

（2）亚朵的基层员工收入不仅高于同行，还可以获得公司期权。

（3）管理层尽可能满足所有基层员工的吃住行玩等需求，基层员工服务客人时没有后顾之忧。

这一套责权利对等的管理体系是亚朵管理层敢于授权、乐于授权、善于授权，也是确保亚朵以高质量的服务实现差异化的最大原因。亚朵CEO将"客人是上帝"这条铁律放在一边，不惜一切为员工提供服务，员工自然会重视"客人是上帝"这件事了。

"中国服务" 助力酒店行业转型

酒店是在古时候"亭驿"、"客舍"和"客栈"的基础上，随着人类的进步，社会经济的发展，科学文化、技术和交通的发达而发展起来的。现代社会经济的发展，带来了世界旅游、商务的兴旺，酒店业也随之迅速发展起来，而且是越来越豪华、越来越现代化。

近年来，随着酒店行业自身服务的不断提高以及旅游行业的发展，我国酒店行业发展速度较快，酒店行业市场需求不断扩大。

2014年以来，涉及住宿、餐饮、会议的高星级酒店感到了前所未有的压力，而这也促使酒店业逐步回归理性。同时，民族品牌酒店不断涌现，外资奢华品牌相继进驻，中国酒店业的发展也在与外资的竞争中逐渐走向成熟。

截至2015年底，国家旅游局星级酒店统计管理系统中共有12327家星级酒店，营业收入合计2106.75亿元，客房占营业收入的44.38%。

2016年第二季度，全国10741家星级酒店营业收入合计500.23亿元，星级酒店平均房价为326.29元/间夜，平均出租率为55.30%，每间可供出租客房收入为180.43元/间夜，每间客房平摊营业收入为32885.30元/间夜。

随着我国旅游业的迅猛发展，对休闲度假酒店的需求必然会出现成倍的增长，中国酒店业发展前景广阔。在中国经济转型与消费升级的大背景下，未来几年仍将是酒店业加速发展的黄金时期。

中国酒店作为服务业中的一员，不仅要在服务上下深功夫，更要在服务时代新背景下，在服务环节上凸显更多的中国元素，将"中国服务"的品牌推向世界。

30多年来，中国的国际地位与日俱增，中国酒店业一场场大型的国际化接待，给全世界留下了深刻印象。不过从客观来说，中国特色的酒店服务还是产业链上的一个薄弱环节，只有不断强化，才能进一步改善国际友人对中国酒店服务的印象。

随着中国经济体制改革的进一步深化和产业结构的调整，第三产业的比重必然会越来越大，中国经济社会也必然会从"中国制造"向"中国服务"过渡。这对酒店业"中国服务"的研究是一个不小的推力。

"中国服务"是国学的传承，是传统文化的迭代，我们应取其精华去其糟粕，让"中国服务"国际化，国际服务中国化。笔者认为，"中国服务"主要体现在三个层面：

第一个层面，服务修为：心善美好。

"心善美好"是酒店服务的第一个层面，每个字都代表了不同的含义，都对服务提出了别样的要求：

（1）"心"，服务要从心出发，服务要回报真心，服务是创造爱心。

（2）"善"，上善若水，服务要以善作魂，和为贵，心为先。

（3）"美"，服务不仅要外貌美，更要形象美、姿态美。

（4）"好"，为客人提供服务，要表情好、接待好、沟通好。

第二个层面，服务呈现：和静致雅。

"和静致雅"是酒店服务的第二个层面，体现了酒店服务的不同意义：

（1）"和"，和是"和"的最高审美底蕴，乐在工作，才能和气生财。

（2）"静"，静中含雅，不受外在滋扰而坚守初生本色、秉持初心、改善服务心智模式。

（3）"致"，精致之致，感受极致服务体验，深刻感受服务之别致。

（4）"雅"，优雅不俗，展现新风采，打造员工成为酒店亮丽的风景线，塑造服务形象。

第三个层面，服务场景：意境五觉。

意境是客人入住酒店的综合体验感受，只有关注客人的听觉、视觉、味觉、嗅觉与触觉，才能让客人找到感觉。

在构建新型"中国服务"体系的过程中，我们完全可以借鉴加工制造行业的"客人需求驱动创新"，将客人当作创新服务细节的源头活水，将酒店服务打造成经得起客人检验的国际化品牌！

酒店服务亟须向道德回归

酒店服务是酒店的无形和无价商品，随时随地都在向客人出售。

从一定意义上来说，服务也是满足酒店客人需要而付出的智能和必要劳动。一般来说，服务失误发生后，客人往往会采取以下三种相应的措施：

（1）直接投诉或者抱怨。通常，这种情况都由酒店的客人服务部门进行处理。这种情况对酒店比较有利。因为它是一种良性循环，至少可以让酒店知道自己哪些地方做得不够，可以采取相应的措施进行改进，并使之进一步完善。如果客人不说，继续保持沉默，或者一声不吭径直去了竞争对手那里，会更加可怕，会一直被蒙在鼓里，连改过自新的机会都没有了。

（2）客人向家庭、邻里、亲戚、好友甚至一切熟悉的人抱怨，传播酒店的不良信息。这种负面宣传非常有害，往往会将问题扩大化，会让酒店失去更多的潜在客人。

（3）直接向消协等管理部门投诉。间接引起媒体的报道，局面更会难以控制。

所以，为了维护酒店的利益，为了培养客人的忠诚度，必须在这些关键时刻处理好客人的抱怨甚至投诉。酒店必须明白，这样做的目的是和客人建立起长期的伙伴关系，而不是短期的成本节约。针对客人的投诉或者抱怨，补救措施应着眼于客人的忠诚度，而不仅当作处理客人的一次抱怨，应该把服务失误当作一次强化客户关系的机会。事实证明：那些不满意的客人在经历了高水平的出色服务补救后，会有更高的满意度，并可能再次光顾。

当然，处理客人的投诉和抱怨，还需遵循一些必要的原则：

（1）即使发生矛盾，也不能与客人发生争执。我们的目的是倾听事实，进而寻求解决之道。争论只会妨碍我们聆听客人的观点，不利于缓和客人的不良情绪。权威人士指出："98%～99%的客人都确信自己的批评是正确的"。因此，争论谁对谁错，一点意义都没有，只会激化矛盾，让已经不满意的客人更加不满，我们的职责是拉回那些已经产生不满的客人。

（2）多考虑客人，尊重客人的感受。客人投诉，说明我们有做得不对或者不好的地方，所以必须对客人多一些理解，要让他们觉得：他们是在自己的酒店入住，享有充分的自由；他们是主人，酒店只是为他们服务的人。特别是当他们受到了各种压力时，更要尽量认同客人的感受，以此来缓和客人的烦躁和不满，为我们下一步圆满地处理好问题打下良好的感情基础。

（3）问题的处理时间越早，效果越好。服务失误发生后，要在第一时间处理，时间越长，客人的伤害就越大，客人的忠诚度就会受到严峻的考验。所以，必须制定相应的制度，加强管理。

一家国外餐饮酒店采用了"四制"办事原则，即一般性问题，必须三天内答复制；复杂性问题，必须一星期内答复制；未予解决的书面答复制；延误日期的按20元一天罚款制。

事实证明，这样做的好处是很大的！

（4）培养一支训练有素的员工队伍。酒店运作始于"人"，也终于"人"，人的问题占酒店问题的80%以上，酒店要树立"员工第一"的观念。一线员工是服务的化身，员工与客人接触最多，员工的行为会直接影响客人所感受到的服务品质，进而影响整个酒店的信誉。因此，一定要善待员工。

　　员工的教育培训处于核心地位，教育内容的选择重在员工的心理建设，训练应重于实践，两者缺一不可。只有这样，才能慢慢培养起广大客人的忠诚度，使他们认同你的服务理念：客人第一，客人至上。如此，在未来的竞争中，酒店才会有备无患，无往不胜！

第二章

服务理念：酒店服务 1 + N 思维

"1 + N"指的是，一位客户，N 种服务；"1 + N 增值服务"是指，在基本服务外，酒店为客户提供的附加服务，目前主要服务类型有人本服务、亲情服务、个性服务、诚信服务、特色服务、完美服务、贴心服务、增值服务、网络服务等。

一位客户，多种服务！"1 + N"服务理念，能进一步提升服务水平，不断完善服务内容，为客户提供更多的服务体验机会，加强与客户间的沟通；以客户为中心原点，不断延伸半径 N 的长度，可以持续扩展服务的领域！

网络服务：以科技为服务

如今，互联网已经深入生活的每个角落，任何人都无法脱离，酒店同样如此！

互联网科技，不仅带来了人工的解放，更带来了自主性的提升。比如，入住星级酒店，笑脸盈盈的礼宾员会给我们留下深刻的印象；而在互联网酒店，看到互联网电视大屏上的"欢迎×××位美女入住"，体验到在线互动平台的撒花、点赞、发红包，客户多半会感到更加时尚！

在经济型酒店转型升级的拐点，各酒店都在大胆尝试各种创新的商业模式和品牌，互联网酒店蓄势待发。以互联网技术为基础而诞生的酒店，创造出很多新花样：微信订房选房、APP 开关窗帘空调、手机遥控电视……互联网酒店模型清晰可见。

铂涛集团涵盖 7 天酒店、7 天优品、IU 酒店和派酒店，其副总裁苏同民认为，在对一个行业进行评价的时候，不能将目光局限在其增量和发展速度，要看行业创新及与其他行业的整合能力。铂涛最早洞察到了酒店与互联网结合的趋势，2015 年 2 月 10 日 IU 酒店出现在世人眼前，其微信发布会吸引了近 5000 人。

苏同民认为，酒店需要与互联网紧密连接在一起，不能变成互联网应用场所。IU 酒店在四个方面做了布局：Wi-Fi、微信互动平台、智能互动电视和互联网专属定制。其使用无线投屏，将客人"小屏"手机里的内容投射到"大屏"电视上；同时，还配备了高品质音响和 720° 无死角的极速 Wi-Fi，极大地提高了上网、听音乐、看视屏、玩游戏等效果。

为了帮客人打发琐碎时间的无聊，IU 酒店还开发了在线互动平台。通过在线群聊，客人就可以交朋友、实时点评酒店、分享周围好吃好玩的、体验互联网社交生活。同时，还给客人送出了小惊喜——私人定制。客人可以通过互联网定制专属房间，入住开门的那一刻就可以享受到极具特色的个性化体验，比如，女孩最爱的玫瑰花、男士最爱的浴袍。

IU 酒店独创了 24 小时在线"小 U"，客人有任何需求，只要发到群里，小 U 就会立刻安排，服务及时与否、质量好坏都会显示在众目睽睽之下，大大解放了酒店人力、提升了服务品质。

酒店，本来就是给客人提供服务，给客人提供关爱。过去，酒店的关爱只停留在服务层面，为客人提供更好的硬件和服务，并没有关注客人的情感需求。现在有了互联网，酒店就可以更多地满足客人需求、提升服务体验，为客人提供更多关爱。

经济型酒店客人最头痛的就是卫生死角，IU 酒店通过轻精品的设计和产品大大提升了用户体验。比如丢弃了洗脸毛巾，使用一次性吸水面巾；丢弃了散装、可随意添加的洗发水，使用定制的一次性灌装力士二合一洗发沐浴露。此外，寂寞空虚时光的在线互动，不仅体现了酒店对客人的情感关爱，更让客人通过分享交流实现了彼此的关爱。而浪漫定制，更加满足了入住客人的特殊感情需求。

互联网为我们很好地解决了信息匹配问题。过去出行，人们会站在马路边等车，司机满城转找人。但现在，车在哪里，客人在哪里，什么时间到……大家都非常清楚。对于酒店来说，要想推陈出新，既要做加法，更要做减法，减少硬件，优化功能。跟星级酒店比起来，经济型酒店整体物业面积不大，必须做到"小而精"。

在市场调研的基础上，IU 酒店经过一些精巧的设计和加工，将传统酒店使用率不太高的书桌和床头柜有机结合在一起，腾出了空间，减少了隔音问题，满足了年轻消费者的消费习惯——灵活休闲办公；同时，还淘汰了消费者使用率不高的硬件，减少了硬件投入，优化了功能，降低了运营成本。

在工业时代，消费者和生产者之间信息不对称，生产就像盲人摸象，造成大量库存。在互联网时代，酒店可以提前采集到不同的消费需求，给客户提供定制服务。在其他地方买不到但在这里能买到，就是有价值的服务。当消费者心甘情愿为此买单时，酒店附加值也就出来了。

互联网以用户为王，谁能抓住用户，谁就能赢得互联网战争！能不能引领这个行业，关键在于能不能走在别人前面！

人本服务：以客人为中心

社会是发展的，几乎所有的东西都在变，服务同样如此！我们不能永远只运用一种服务模式，一个笼统的服务理念根本满足不了每个客人的需求。

社会发展的另一个趋势就是，学科越来越细分。比如，刚开始只有医学，后来则分为中医和西医，再后来就有了基础医学、临床医学、检验医学、预防医学、保健医学等；而临床医学又分为内科、外科、儿科、妇科等。这就是分门别类。酒店服务也是如此。

现在，人们的服务需求越来越多，流程式的服务看起来虽然规范，但却是冰冷的，缺乏人性化，满足不了客人的具体要求。酒店要根据客人的需求，改进自己的服务模式，以简单的服务方式应付众多的客人需求，时间久了，必然满足不了客人，最后就会被客人抛弃。

在服务过程中，一定要记住"一切为了客人"这一根本目标，只要客人需要，就要随时做好改变的准备，让自己的服务更加人性化、更加周到，赢得客人的信任。

在一家酒店，一天505房间传出一阵响声，不一会儿，小关便愁眉苦脸地出现在了房务部经理办公室，接受经理询问。

原来，505房间的客人是位常客，项先生，中国台湾人，每次来必住这家酒店。项先生喜欢预订房间，每次做好日程安排后，就会给酒店打电话，要求腾出505房间。而且，他还有个怪癖：房间内的物件必须按指定位置放好，不能随意移动。这次，他之所以大声斥责服务员，是因为发现一个放花盆的茶几挪动过了。

经理向小关下达命令："你必须立刻回505房间给项先生道歉，并向他保证以后再也不会发生同样的事情。"

"要我道歉，我没意见，可是要保证一切按原样摆放，我做不到，因为客人一直在换……"小关委屈地解释。

"我们要做最好的酒店，客人的需要就是我们的服务目标，我们有什么理由不满足项先生的要求呢？我相信你会有办法的。"经理对自己的下属一向很有信心。

小关回到宿舍思索了一会儿，然后便到办公室借来相机，走进了505房间。他从几个不同的角度把房内所有布局都记录在胶卷上。另外，还用尺子量了尺寸，把数据原原本本写进笔记本。他相信，有了这些资料，就再也不用担心满足不了项先生提出的要求了。

酒店里每天都可能出现意想不到的事情，客人的需求绝不会一模一样，因此酒店业异常激烈，对于星级酒店，以客人为中心更是要放在最重要的位置。小关的这一举动解决了所有的问题，项先生也许不会提出表扬，但小关却避免了项先生以后的投诉。

随着社会的发展，人们的需求变得更多更具体，对酒店的服务质量要求就越高。只有根据客人的需要，开展多种服务形式，才能让服务更完美、更周到。

始终要记住，无论你的服务方式如何变，目的只有一个——给客人提供更好的服务！只有想客人所想，做客人想做，无论客人需要什么样的服务，都可以做到。

1. 不管做什么，都要为客人着想

对于酒店经营来说，客人就是上帝！因此，不管做什么，或者考虑什么，都要为客人着想。只有知道了客人是怎样想的，才能知道客人需要什么样的服务。只有为客人提供令其满意的服务，才能增加他们的好感，才能促成二次入住。

2. 寻找更好的服务，积极创新

在为客人着想的前提下，要敢于为天下先。当大家都在为客人提供千篇一律的服务时，如果你的服务能够满足客人的多项需求，相信就会给客人留下好的印象。因此，一定要对服务进行积极的钻研。不要说：别人都是这样做的，我们怎么能那样做呢？做什么是由客人的需要决定的，只要发现更好的服务方式，就一定要提出来。

3. 积极借鉴，触类旁通

自我完善，是一个不断借鉴的过程。只要是值得自己学习的，都要积极吸纳。不同行业间也许工作性质不同，但只要是服务性质相同，看到好的服务理念和方式，只要可行，都可以积极借鉴过来为我所用。

4. 了解客户，建立客人档案

如果想为客人提供人本服务，就要对客户多一些了解，同时为客人建立一份个人档案。这样，当客人再次入住的时候，就能立刻查询到。

只不过，了解客人是一项长期服务，不仅要了解客人的生活习惯，还要知道他们的个人需求。如此，在以后的服务过程中，就可以查询到客人的资料，便捷地知道客人的需要了。

亲情服务：把客人当朋友

在商战的拉锯战中，每一场战争都没有绝对的赢家。社会在快速发展，产品更新周期大有日隔三秋的感觉。在这种情况下，努力更新自己产品或服务，都是远水救不了近火。机会稍纵即逝，过去了，酒店的命运就会发生转折。

那么，怎样做才能起死回生呢？很简单，亦客亦友！就是说，要及时关注客人的动态，了解客人，关心客人，在乎客人，进行"情感化"服务。只有让客人在服务中感受到你的真诚、你的爱心，你的服务才是有效的，客人才会留在你这里。

有人会说，客人也是普通人，我们又不是心理学家，怎么会知道他们的想法？可是，一切皆有可能！只要积极投入了、努力了，即使当时不会有太大成效，也不要灰心，因为路已经铺好了，继续往下走就好了。

客人交往，很随意、很简单！先把客人当作自己的朋友、亲人，对家人怎样，就怎样对待客人，为客人提供服务的时候要多留心，比如，客人喜欢什么颜色，有什么特别的爱好和习惯，家里的成员有哪些；客人的生日或一些特殊日子在哪天……

当客人需要帮忙的时候，要挺身而出，不管结果如何，客人都会因你的帮助而感动，无形间就会拉近你们的距离。此外，还要及时了解客人的动态，及时为客人提供所需要的产品和服务，当你的服务变成客人的一种习惯时，你与客人之间的合作就能更长久了。

尉先生是海欣假日酒店的常客，2016 年 9 月 5 日上午服务员接待了尉先生。

尉先生是个细心和蔼的人，虽已年迈，身体却非常健壮。可当时，服务员却发现尉先生的脸色不太好看，便主动询问："尉先生，您身体有什么不舒服吗？需不需要看一下医生？"

尉先生说："没事，只是受了点风寒，休息一下就可以了，谢谢！"服务员想了想，征询尉先生意见道："尉先生，要不拿些感冒药给您？"尉先生说："我不喝西药，太谢谢你了。"

服务员说："不用客气，那我给您送一盒999感冒冲剂吧！它是中药，对老年人的身体有好处。"尉先生高兴地同意了。

服务员立即去房务中心拿了一盒感冒冲剂，顺便请厨房为其特别制作了一碗姜汤，一块送到尉先生的房间。服务员给尉先生讲述了感冒冲剂的用量及用法，并请尉先生趁热将姜汤喝了，这样对治疗感冒有帮助。

正想离开房间的时候，服务员发现，尉先生想休息，把外套铺在被子上面，可能是为了防寒。服务员便立刻去布草间拿了一床被子和一床毛毯。当服务员再次进入房间时，尉先生已经将姜汤和药喝完。

离房之前，服务员还给尉先生写了一张亲情服务留言卡，写下了他们的服务电话。第二天尉先生离开时，特意来向这个服务员告别。

通过一份感冒冲剂和一张小小的留言卡，就让客人感受到了关怀和尊重。相信，下次这位先生一定还会入住该酒店。

在服务行业里，客人不仅是上帝，更是我们的朋友。要关注到每位客人，把客人当朋友来对待。

1. 对客人多一些了解和关注

和客人打交道的时候，不要单纯地给他们介绍酒店服务，服务好不好客人肯定自有判断。如果想给客人以亲人的感觉，就要对客人多一些了解和关注。你可以简单地问问客人的习惯和爱好，拉拉家常，叙叙旧；也可以向其朋友打听。不要觉得客人只是合作伙伴，更要把其当成朋友，这样才更能拉近你与客人之间的感情距离。

2. 送给客户一些祝福和礼物

亲人之间，经常会互赠一些礼物，比如，过年过节的时候。因此，如果想要拉近与客人之间的距离，也要重视礼物的作用。一旦知道了客人的喜好，比如，喜欢看电影，喜欢在某个店买衣服，喜欢吃某种食物等，就可以在客人生日的时候，给其一份意外的惊喜，或是特别意义的礼物，这些都是可以增进你们的感情的。

3. 用满心的爱去为客人提供服务

换位思考一下，如果你是客人，希望感受到什么样的服务，是生硬的程序式服务，还是把你当成朋友给予你所需要的关怀？相信，一般人都会选择后者，因为这种服务更能满足客人的需求。因此，一定要用满心的爱去为客人提供服务。

个性服务：用个性塑造价值

酒店如何在日益激烈的市场竞争中立于不败之地？综观当今优秀酒店的发展经验，个性化服务是一个重要的因素。

所谓个性化服务指的是，以标准化服务为基础，以客人需要为中心，提供有针对性的差异化服务和超常规的特殊服务，可以让接受服务的客人有一种自豪感和满足感，并赢得他们的忠诚。

酒店个性化服务以客人需求为中心，在满足客人原来需求的基础上，针对客人个性特点和特殊需求，主动积极地为客人提供特殊的服务，为客人提供"量体裁衣"式的服务。

客人的需求是酒店经营活动的出发点和归宿。客人的需求多种多样，他们的喜好与要求往往与酒店的规定不同。在这种情况下，服务员就要适当偏离标准操作程序，根据客人的具体要求，灵活地提供特殊服务。

哪里有需求，哪里就有机会！客人的需求是酒店财富的源泉。客人的需求不断发生变化，酒店经营者应不断研究客人的需求，按客人的需求改进和调整酒店产品和服务，创造新的盈利机会，让自己在激烈的市场竞争中抢占更多的市场份额。

急客人之所急，及时、准确地提供特殊服务，是树立酒店良好形象的契机。提供恰到好处的个性化服务，客人就能真切地感受到酒店的关怀，体会到酒店以客人利益为重，从而记住酒店友好、周到的形象。

任春霞加入金港大酒店房务部楼层没多久，就得到了领导同事的帮助。

一天，任春霞为821房间的客人清理房间，看着客人的小孩在房间来回走动的情形便想起了自己两岁的儿子。平时，儿子在家都会摆弄玩具，可客人的孩子却没有玩具。

任春霞跟同事说起了这件事，同事告诉她客房中心有玩具，专门为客人提供服务的。她很高兴，三步并作两步地跑到了客房中心，为客人的小孩拿了一个玩具——加菲猫。孩子看到玩具时，高兴极了！

看着孩子脸上绽放的笑容，任春霞由衷地感到欣慰，小孩的父母更是感激不尽，连连说谢谢！可是，朴实的任春霞却表示："这些都是我们应该做的，同时希望小宝宝能快乐成长。"

个性化服务不在大小，主要在于能否发现客人的潜在需求。

在给客人提供服务的过程中，只有认真观察，真诚服务，才能观察到客人的需求。只有将客人的需求当作自己的事情来做，将客人视为自己的朋友或亲人，发自内心地为客人提供服务，才能让客人感受到家的温暖和关怀，达到服务的最高境界。

开展个性化服务，必须硬件先行，软件跟上，体现特色，控制成本；同时，还要引进先进的管理方法，不断提高服务内涵，提高服务档次；如果只停留在一个水平上、局限在一个模式中，是不能与时俱进的。

酒店个性化服务是一门艺术，但更多来源于实践，只有在实践中才能体味，才能得到培养和检验。酒店卖的是服务，只有提高服务质量，才能拉动效益。在很多酒店都在规范服务的同时，要想与众不同，个性化服务不能缺！因此，要尝试适合自己的酒店文化，适合每个客人的个性化服务。

1. 建立准确、完整的客人档案

要想为客人提供个性化服务，就要先建立完美的客户档案。具体过程为：

用计算机建立客人数据库，存储每位客人，尤其是重要客人和常客的客史档案。根据其预订与进店办理手续时提供的信息和服务员在客人住店时的观察，把客人的爱好、习惯、消费活动、旅游目的等信息储存起来进行处理、分析，如此等等，就可以为其提供有针对性的服务，投其所好，令其满意；同时，还可以据此进行关系营销、联络感情，提高客人回访率。

2. 适时对员工进行有效的培训

要通过持之以恒的培训，向员工灌输服务理念，丰富员工的服务知识与技能，培养员工的服务营销意识，鼓励员工发挥创造力和主观能动性。

要让全体员工将"优质服务"作为自己的行为准则，努力提高服务能力和自信力，在服务工作中，热情、主动地为客人解决实际问题，提供体贴、周到、富有人情味的服务。

3. 适当授权，对员工绝对信任

要想及时满足客人的正当需求，服务员必须具备迅速做出各种与服务工作有关的决策。管理人员应支持并鼓励服务员根据客人的具体要求，灵活地提供优质服务，授予服务员偏离标准操作程序的权力，以便采取必要措施满足客人的具体要求。

4. 对员工考核，建立奖励机制

酒店还要建立行之有效的考核和奖励制度，综合内部和外部效率考核服务实绩，对优质核心服务基础上的特殊服务进行奖励。

可以通过客人意见调查、工作日志抽查、班组工作评议等途径收集优质服务信息，及时、合理地运用多种方式奖励表现好的员工，使优质服务成为全体员工的共同价值观念，在全员中形成关心客人、助客为乐的服务风尚。

诚信服务：说到做到得到

行动比一切语言都要有说服力，要想让客人相信你，就应该让客人看到你的行动！

生活中，我们经常会遇到很多“口气比力气大”的现象，在客人购买产品之前，许诺保证怎么样的服务，但在客人购买产品后，之前说的话一句都得不到验证。这时，客人就会有一种被骗的感觉，这在服务行业是最为禁忌的。

不要觉得，失去一个客人没有什么关系。因为，这个不满意的客人大约会同 11 个人说你的服务不好。在你失去一个客人的同时，其实已经失去了一个客户群。

很多时候，客人之所以来找你，就是为了实现自己的愿望。如果客人的愿望得不到满足，他就会继续寻找下去，这时你就失去了一个客人。不要觉得客人什么样的愿望都有，你根本满足不了他们。事在人为！很多事情并不是能不能做到的问题，而是你去做了没有，只要你用心去做了，即使离客人要求甚远，客人也会被你的行为所感动。

在服务行业，面对客人提出的要求时，很多人都会答应客人尽力去办，但是实际情况呢？很多都没有把客人的要求放在心上。看到这种情况，客人心里自然会产生一种深深的失望，这时再想挽留住这个客人，已经是不可能的事了。

世上无难事，只怕有心人！面对客人提出的愿望，只要抱着这样的心态去做，就没有办不成的事，客人被你的诚心所打动，自然会成为你的永久客人。请记住，客人想要的不是敷衍，而是尽全力去做。

小张像往常一样，在楼层上紧张地忙碌着。打扫完客房，就给入住的客人送免费水果。送到四楼时，小张接到房务中心的电话，507房的客人要一个洗衣盆。楼层上没有备用的洗衣盆，小张就问房务中心有没有。房务中心的人员说："没有，不过八楼有一个，不知道是不是也在使用。"

挂了电话，小张想，八楼的洗衣盆也许有人在用，反正宿舍离这儿很近，打算回宿舍把自己的洗衣盆拿来给客人用。小张把想法告诉了客人，并请客人稍等几分钟。当小张气喘吁吁地跑上楼将洗衣盆送到客人手中时，客人激动得连话都说不出了。

小张离开房间时，客人激动地说："谢谢你，姑娘！"小张说："不用谢，这是我们应该做的！"现在，小张只要一想起客人感激的目光，心里就有一种自豪感。

世上没有完不成的愿望，关键是你用尽全力没有，当你尽全力去帮助客人办事的时候，自然就会给客人带来很多感动。

愿望越不现实，实现的难度就越大。满足客人的要求，其实就是为自己的名声打基础。

1. 努力提高员工综合素质

古人云：一分耕耘，一分收获；没有天上掉馅饼的好事；没有春播一粒种，哪有秋收万颗粮。让所有员工树立"没有付出，哪有回报"的正确价值理念，为增强服务意识打好基础。如果想做到诚信，就要通过多方途径积极提高员工的综合素质和能力。

2. 从小事抓起事半功倍

诚信服务的提高，同样不能忽视了细节，既可以从各岗位的每个操作规程、注意事项抓起，也可以从外观形象、环境卫生抓起，还可以从安全管理抓起。只有面面俱到，才能让客人信服！

特色服务：做别人没有的

随着酒店业竞争的不断加剧，越来越多的酒店经营管理者认识到：要想在激烈的竞争中取得长期优势，单靠优质的菜肴和舒适的客房是不够的，必须了解客人的兴趣、爱好、心理和需求，针对市场需求提供有特色的特殊服务，使之在客人心目中留下深刻、独特、深受欢迎的印象，建立、保持并发展与客人的长期互惠关系。

在经营活动中，许多竞争对手在设施、环境方面都大同小异。谁有了特色服务，谁就能够给客人留下深刻的印象。所以，酒店除了制定完美、完善的服务行为规范外，还应该创造出独具特色的服务项目。

特色服务是服务者真正为客人着想、视客人为上帝的体现，更是优质服务的一部分，能够对提高服务质量、提升服务水平起到积极的作用。

特色服务是人性化的要求，需要服务者对客人提供"量身定做"的服务。当客人感到酒店的存在就是为他们服务、满足他们的特殊要求时，酒店也就获得了竞争优势。特色服务能提升酒店的服务水平，服务水平提高了，就会有更多的客人光顾，也会产生更多的忠实客人。

在韩国的一家五星级酒店的餐厅里，每到礼拜四、礼拜五的晚餐时间，就可以看到一个独具特色的儿童自助餐台。虽然上面的食品只有3~4种，但是由于布置独具特色，服务热情，深深地吸引着儿童客人。

儿童客人虽然不是酒店餐厅消费的主体，但也是餐厅潜在的客人。周末一家人出门游玩，肯定会带上孩子。出于安全考虑，为了营造温馨的用餐环境，餐厅一般都会主动为这些儿童客人准备好儿童椅、高椅、垫高座等。在酒店餐饮管理中，有了这些周到的安排，再加上优质的服务，孩子的父母一定会对他们的用餐经历产生深刻的印象。在餐厅用餐时，如果孩子玩得高兴，父母也一定能尽情消费。最后的结果是，孩子高兴，父母高兴，酒店餐厅赚钱，达到了"三赢"！

服务等于利润，作为酒店，就应该创造一种个性化服务，让利润源永远不枯竭。所谓个性服务，就是使客人感到酒店服务能满足他们的特殊要求，这样酒店就获得了竞争优势。

个性化服务指的是，酒店提供有自己个性和特色的服务项目。酒店不仅要清楚地看到个性化服务理念形成的必然性，在个性化服务的过程中还要注意员工素质、信息管理等问题。近年来，随着酒店业的飞速发展，个性化服务在酒店中越来越重要。酒店不仅要规范化服务，还需要个性化服务来提升酒店的服务质量。

规范化服务是酒店服务的基础，个性化服务是酒店服务的灵魂！只有基础扎实，灵性才能得到充分发挥。如果把规范化服务看成一棵树的枝干，那么个性化服务就是树上的花叶。没有规范化服务的酒店是无序、不规范的，没有个性化服务的酒店是死板、没有生机的。因此，规范化服务和个性化服务在酒店服务中相互依存、相互促进，忽视任何一项都会影响整个酒店的服务质量。

1. 研究客人需求，实行差异化服务

特色服务讲求的是“特”，要力求与众不同，在服务中要崇尚创新，唯有创新才能形成自己的特色；必须满足某些特殊的消费需求，并在行动过程中不断完善，形成特色服务。

不管是管理者，还是普通员工，在与客人交往的过程中，只有仔细观察客人的兴趣和爱好，充分利用酒店资源和本身特长努力创新，通过特色服务满足客人需求，才能赢得客人的回头率。

2. 主动为客人提供“量身定做”的服务

要想加强酒店的服务特色，就要利用酒店的资源和特长，为客人提供“量身定做”的服务。可以根据酒店自身的人才优势和资源优势，实行差异化服务，确立服务特色，树立酒店的典型形象。

完美服务：体现尽善尽美

在现代酒店中，服务越来越被众多酒店所重视，伴随着市场竞争的日益激烈，一条明确的理论清晰地展现在我们面前：好的服务能够带来好的效益。

酒店是以盈利为目的的组织结构，没有理由不把服务做好。那么，怎样做好服务呢？

先从细节开始。在现代酒店，服务已经不是提供餐饮和客房那样简单了，

很多酒店对服务做了深入的研究，服务的范围不断扩大，细节服务已经成为新时代服务的高端服务理念。在服务的过程中，细节做得越完善，服务质量就会越高，客人的满意度也会越高，继而带来丰厚的效益。

所谓细节就是，一些琐碎、繁杂、细小、在工作中经常被忽视的小事，甚至是一个表情、一个不经意的小动作。在为客人服务的过程中，我们经常不把这些小事放在眼里，等到有一天发现问题后，才明白最终的根源就在于细节。有这样一个故事：

酒店里住了一位外宾。这几天服务员小王都在为这位外宾整理卫生间，她发现：客人喜欢使用酒店的一次性洗漱用品。但她又奇怪：客人每天都会拆开一支新牙刷包装，但只使用里边的牙膏，牙刷则孤零零地躺在包装袋中。她想：可能是外宾觉得酒店提供的牙刷令他满意，所以这几天一直只使用一把牙刷。

小王觉得，客人喜欢用酒店的洗漱用品是件好事，但只用牙膏不用牙刷，会形成一次性浪费。小王想：不如为客人加一管牙膏，既方便客人使用，又节约一次性成本，岂不两全其美？想到就做，在客房中心的帮助下她便为客人加了管牙膏。没想到，客人对此做法非常满意。

服务细节决定服务质量，而服务质量决定经济效益，所以要提高经济效益，最彻底的方法就是完善服务细节。

1. 以人为本

酒店服务对象是客人，所做的一切都必须以客人的需求为主。"客人就是上帝"是酒店服务中很早就提出的口号，也充分说明了服务的主体是客人。

上帝的需求是什么？尊重！但是如果想让客人没有"不满意"，还要做到“细节服务”，衣着细节、沟通细节、交际细节等，让客人感觉到，你的服务是周到的。

2. 人人参与

在一个组织结构中，和客人接触最多的是基层员工，但是却不能因此忽视了中高层领导的参与。忽视了细节服务，对细节服务没有重视起来，怎么能够领导出深入人心的细节服务？所以，细节服务必须人人参与，不仅要理解细节服务的重要性，还要知道细节服务的必须性。

3. 贵在持续

一个完整的销售周期通常都很长，从客人挖掘、客人洽谈、商品成交、售后服务，到再次消费，是一个完整的循环过程。在这个过程中，每个环节都需要重视细节服务，忽视了任何一个细节服务，销售循环都可能中断，从而失去客人，失去效益。

贴心服务：感觉心动温暖

现代社会竞争越来越激烈，客人面临的选择越来越多，要想吸引更多的客人，仅靠质量是远远不够的，在这个高速发展的社会，服务占据着越来越重要的地位。你可以没有最独特的产品，但是却可以拥有最独特的服务，让自己在市场竞争中站稳脚跟。

在这个竞争激烈的时代，服务已经不是一种制度，僵硬的制度化服务是不能打动客人的。完美的服务准则要求服务从"心"开始，在服务的过程中要投入自己的感情，才能打动人。

制度化的服务是可以复制的，但是用"心"的服务仅此一家，用"心"去牵绊客人，客人才会表现出忠诚。试想一下，如果你进了一家酒店，但是服务态度非常不好，相信多半都会选择离开。为什么？因为我们花钱买的是"服务"。酒店配套设施再好、再令人喜欢，如果服务不好，也会产生不好的情绪而忍痛割爱。

在这个时代，硬件已经不是先决条件，服务才是真正的卖点。随着消费水平的提高，人们对服务的要求也在逐渐提高，要想不断地满足客人需求，最好的办法就是用"心"服务。

小刘像往常一样整理好工作车，准备开始一天的工作。10点半的时候小刘轻轻地敲1410的房门，没回应，小刘打开门走进一看，女客人脸色发白，身体蜷缩着躺在床上，床头柜上放了一些感冒药，客人感冒了！小刘迅速打电话要了一碗姜汤送到房间。

小刘送上前，说："赵女士，我们酒店特意为你准备了一碗姜汤，您趁热喝了吧，暖暖身子，出出汗病会好得快些。"赵女士看着她感激地说："谢谢！"

下午，小刘看到台班从其他房间撤出一束鲜花，花挺好看，何不转送给那位生病的女士呢？想到这里，小刘便手捧鲜花送到了1410房间。正在看书的女客人一愣说："小刘，这是干吗？"

小刘放下鲜花高兴地说："赵姐，送您一束鲜花，愿您早日康复，心情愉快，人如花美！"赵女士很感激，感动地说："小刘，你太热心了，我真有点不愿意离开，谢谢你！"

外在的服务行为，通常都是由内在心态来支配的，要想把服务做得更完美，就要拥有主动关怀客人的心态，拥有愿意为客人多做一点工作的心态，比如，晚下一会儿班、给客人一个善意的提醒、在下班后多打一个电话……举手之劳，会给客人带来不同的感受。

只有用“心”服务，才能把服务做得更好，客人也会被你的真心所触动。当其成为酒店的忠实客人时，就会给酒店带来更多的利益。用“心”服务，是挽留客人的最好方式！

1. 保持积极的心态

俗话说：“相由心生”、“言为心之声”。心中没有为客人服务的愿望，无论如何也不可能笑出来，即使笑了，也会让客人觉得虚情假意。心中没有为客人服务的想法，说出来的话语一定也不会亲切、悦耳，更无法打动人心。

2. 多一份发自内心的微笑

微笑地向客人传达的最基本的信息，就是你的友善。对于喜欢自己的人，每个人都愿意接触。微笑能在第一时间打破客人的心理防线，让其愿意接触你。当你把微笑送给客人的同时，还会给自己留下一份好心情，有什么比好心情更重要的呢？

3. 真诚倾听客人的倾述

调查发现，大多数客人都觉得自己有种被忽略的感受。服务要想得到客人的认可，最重要的就是了解客人的需求，静下心来听听客人的心声！

增值服务：创造惊喜体验

赢得客人的好感和信赖，是与客人成交和保持客人忠诚度的根本途径。而为客人提供超越他们期待的服务更能让客人感动。

沃尔玛公司的创始人山姆·沃尔顿一直坚信酒店服务应该"超越客人的期待"，他认为，只要你能超越客人的期待，他们就会一而再、再而三地光顾。因此，在满足客人的需要后，还应该再多做一点点。

超越客人期望的事往往都是能令客人开心的事，而客人开心总会有利于酒店，这对酒店是求之不得的。所以，任何服务都应该尽量从客人的立场上考虑问题，以客人的眼光来看事情，用实际行动为他们创造惊喜和感动。一个优秀的服务员总是能够以富有创意的服务来超越客人的期待。

下午4点，小斯像往常一样在房间为客人做夜床。走进1302房间时，小斯发现客人床边放着一双白色运动鞋，上面沾满了泥巴，小斯想，肯定是客人非常忙忽略了自己的鞋，于是就把鞋拿出房间用平常节余下的牙膏为客人擦鞋（因为用牙膏擦会更干净）。擦好后，小斯满意地把鞋放回了原处，就去做其他工作了。

晚上10点，客人打电话到房务中心问谁给他擦的鞋，于是小斯被叫了过去。当时她真的很害怕，以为自己做错事了。小斯惶恐不安地敲开了客人的房门，客人问："是你擦的鞋吗？怎么擦得那么亮啊？太让我意外了，也太让我感动了，你是用什么擦的？真不敢相信！"

小斯跟客人攀谈起来，把一些经验告诉了他，客人说："早就听说你们酒店的服务好，没想到真是这么好，果然名不虚传，太棒了。以后，我再来这里出差，就选你们酒店了，再贵也要住，这么好的服务简直无与伦比啊！"

以客人为中心、超越客人期待总是能够带给客人惊喜甚至感动，优秀的酒店都会在这方面下功夫。

传统的酒店业力求提倡百分之百的满意，可是即使客人这次完全满意，由于求奇求新的心理，下一次还有可能换酒店。只有超越客人期望才是锁定客人的精髓，而个性服务正是超越客人期望的最佳途径。通过超越客人期望的服务，不仅能了解客人对服务最基本的期待，还可以履行对服务最基本的承诺。

1. 用富有创意的服务来超越客人的期待

服务技能是基础，服务意识是发展、创造的动力，服务质量是成果。如果想为客人提供增值服务，就要提供一些创意服务，如此才能超越客人的期待，满足他们的需求。

2. 以客人的角度看事情，提前满足他们的需要

酒店服务的技术含量很高，这些都是从事服务的人一起创造的。要想让客人感动，就要持续地、毫无失误地将服务准确地传达给客人，满足他们的期待，给他们以惊喜。

智能服务：让客人更方便

经常入住酒店的人，一般都会有一些不愉快的经历，比如，前台繁忙，

不得不带着行李箱在一旁等待，顺利办好入住手续时已经很晚了；顺利入住后，出去吃饭，将房卡忘在了房间，不得不找服务台开门……各种各样的问题，让入住酒店的客人感到异常难受。其实，只要为客人提供智能服务，就可以很好地解决这些问题。

目前，有些高端酒店已经推出了完善的智慧酒店的解决方案，顾客只要在网上预约好房间，确认并通过网上银行缴纳押金后，就可以收到房间号和相应的口令及密码。到达酒店后，顾客就可以通过口令和密码登入智慧酒店系统，打开自己的房间。打开房间的同时，系统会将客人的入住时间自动记录下来，据此来计算入住酒店的费用。客人拎着行李箱到达酒店时，不用到前台办理入住事宜，只要找到预订好的房间，就可以用手机直接打开房间门，将行李整理好，洗个热水澡，还能出去吃个饭……完全不用担忧入住的手续问题。

这种方式，不仅为酒店节省了一定的管理成本，还为顾客节省了时间，成功实现双赢！

2017年3月，携程推出了在线选房、闪住2.0、自助入离机等多个酒店服务创新项目。智能化新模式的运用，不仅为消费者打造了更好的预订、入住体验，还进一步提高了酒店的运营效率。

在选房环节，通过酒店数字化的室内地图、VR等技术手段，消费者可以提前了解酒店的室内外分布；还能身临其境地了解酒店的室内设施，熟悉房间细节。在线选房，不仅有效带动了酒店的预订服务升级，还有利于酒店开发出更多的差异化增值服务，更好地满足消费者的个性化住房需求，大大提升用户体验。

在入住环节，携程上线了全新的闪住2.0，给用户带来了全面升级的入住体验。闪住2.0引入了提前预约发票功能，消费者入住酒店后，可以进入酒店订单详情页预约发票,在约定的时间领取。如此,既减轻了酒店在离店高峰期开具发票的时间压力,又节省了消费者在前台的等待时间。同时,携程还推出了自助入离机,消费者可以自助办理入住、离店等。

经过多年的发展,酒店业已经相当成熟,国内星级酒店的数量更是众多。酒店的智能化服务也在慢慢地走向成熟,提高智能服务水平已经成为酒店的一个任务。

笔者认为,智能服务必将是未来酒店行业发展的一大趋势。我国酒店业的发展经历了星级酒店、经济型酒店、主题酒店三个阶段,要想实现未来的突破,就必须以高科技为立足点,以更加人性化为点缀;面对日益高涨的人力成本,只有借助高科技,酒店才可能快速复制,才能在激烈的国际酒店竞争中获胜!

第三章

服务革命：酒店服务三阶模式

酒店服务三阶模式简述

　　酒店业作为旅游业的一个重要产业，其支柱地位越来越受到业内人士及旅游者的认可。而现代酒店腾飞发展的关键因素之一就是人的因素，酒店业作为标准的服务行业，人力资源利用、开发更是重中之重。

　　酒店服务三阶培训模式的关键是将酒店服务培训体系化，层层推进，提升行业素质。三阶服务模式如图 3－1 所示。

第一阶：服务礼仪素养训练

　　礼仪是对礼节、仪式的统称，是以约定俗成的程序、方式表现的律己、敬人的完整行为，为人们所认同，为人们所遵守。

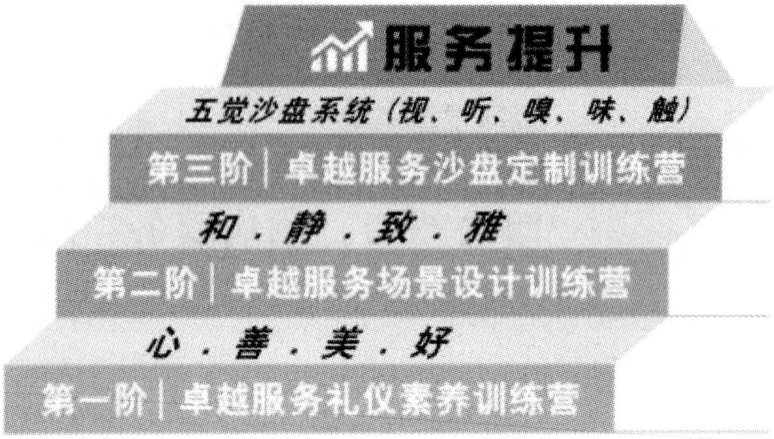

图 3-1　三阶服务模式

礼仪，是律己、敬人的表现形式，是一种行为技巧和交往艺术，是个人内在素质的外在表现，也是酒店形象的具体表现。在酒店员工中普及本行业的职业礼仪和岗位礼仪，不仅可以有效塑造员工规范、严谨、专业、有礼、有节的个人形象和提升员工整体素质，还可以形成酒店的良好形象和美誉度，从而提高酒店的核心竞争力。

服务礼仪是体现服务的具体过程手段，可以让无形的服务有形化、规范化、系统化。有形、规范、系统的服务礼仪，不仅可以树立员工和酒店的良好形象，更可以塑造受客人欢迎的服务规范和服务技巧，让员工在工作中赢得理解、好感和信任。

在一个秋高气爽的日子里，迎宾员小贺穿着一身剪裁得体的新制服，走上了迎宾员岗位。

一辆白色高级轿车向酒店驶来，小贺目视客人，礼貌亲切地问候，动作麻利而规范、一气呵成。轿车停靠在酒店豪华大转门的雨棚下，小贺看到后排坐着两位男士、前排副驾驶座上坐着一位身材较高的外国女宾。

小贺一步上前，以优雅姿态和职业动作，先为后排客人打开车门。做好护顶、关好车门后，小贺迅速走向前门，准备以同样的礼仪迎接那位女宾下车，但那位女宾满脸不悦，使小贺茫然不知所措。

通常后排座为上座，一般凡有身份者皆在此就座。优先为重要客人提供服务是酒店服务程序的常规，这位女宾为什么不悦？

西方国家流行着这样一句俗语："女士优先。"在社交场合或公共场所，男子应优先为女士着想，照顾、帮助女士。诸如：人们在上车时，总要让女士先行；下车时，则要先为女士打开车门等。迎宾员小贺未能按照国际上通行的做法先打开女宾的车门，自然会引起那位外国女宾不悦。

服务员的形象与素养是酒店的广告牌。随着现代社会的发展，酒店的产品和文化都在逐步人格化，无法展示出高度职业化的形象与礼仪规范，就等于向客人宣告："我们不能满足你们的质量和服务要求，我们没有高度的职业素养，我们不在乎你们的满意度，我们的产品和服务都不可靠，你们可以付低价。"糟糕的员工形象和礼仪规范，会严重损害、破坏酒店形象。

1. 真心对待客人

"礼由心生，而后成仪。"为了推动酒店的服务创新，可以推出用心"赏识"的服务理念。要求员工真正站在客人的角度，了解客人所需，满足客人多元化的需求。

客人赏识是对客人的认知过程，就是站在客人的角度，通过关注客人、揣摩客人的心理，发现客人的需求，也就是通过每一位员工的用心服务，挖掘客人的内心需求，使客人体会到酒店充满人性化、人情味的服务。

酒店服务品质的好坏，除了精良的硬件设施外，很大一部分靠的是酒店的软件服务质量。仅有规范的服务是无法满足客人需求的，只有实施个性化服务，才能不断适应市场需求。

用心是酒店服务的真谛，细节是酒店服务的品质，酒店业始终坚持不变的信仰就是用细节服务打动客人，让酒店充满浓浓的亲情与关爱，真正做到用心服务、客人赏识。

2. 用心温暖客人

一杯水只是举手之劳，却能温暖人心！要想赢得客人，就要多一些善心和关爱，少一些刻薄和冷漠。当你用心对待客人的时候，客人也会用心对待你！

3. 接待好，沟通好

在产品同质化越来越严重的今天，服务是这场游戏胜出的有力武器，在服务过程中让消费者感到满意达到愉悦甚至感动，是酒店建立长期客人关系的唯一途径。而让客人感动的一个有效途径就是好好接待客人、好好和客人沟通。

4. 形象美，姿态美

如果你穿得邋里邋遢，人们就会先注意到你的衣服；如果你穿得无懈可击，人们注意到的才是你这个人！这是一个两分钟的世界，你只有一分钟向人们展示你是谁，另一分钟则要让他们喜欢你。

第二阶：服务场景设计训练

2017 年是酒店业提升服务质量和品牌的关键之年，经过市场的洗礼后，众多酒店将 2017 年确定为"服务品质年"。如果说客人是酒店的生命，那服务就是维持这种生命的血液，所以对于任何酒店来说，服务不是一种可有可无的简单策略，只有将其上升到战略层面，才能保证服务理念的真正执行，继而形成一种真正的服务文化。

现代科学技术和经济社会发展的重要特点，是知识与经济的紧密结合，理论与实践的紧密联系，在这种实践模式下，员工通过不断熟悉就可以掌握基本的操作技能，主要包括餐饮部门的操作技能、前台的操作技能、客房的操作技能、酒吧的操作技能等实践内容。

酒店工作的最大特点就是，面对不同的客人需要提供不同的服务；而且，在服务的过程中，工作人员必须面对随时发生的突发事件。同时，不同的客人又会因为个人素质、收入差距、性格特征等对服务进行评价和判断，工作人员必须具有随机应变的能力。

服务场景设计训练是，让员工在创设的情境中运用无意识的心理活动和情感，加强有意识的理性学习活动，其核心在于激发员工的情感。可以分为角色扮演、视频情景分析、实际操作情景等。

1. 灵活使用角色扮演

角色扮演情境就是，让学员扮演某个角色，在实训室进行现场表演。可以让部分员工扮演大堂副经理，其他员工扮演投诉客人，在具体实践中可以有针对性地投诉各种大堂常见的问题，以便了解和提高员工的随机应变能力。

2. 进行适当的视频情景分析

所谓视频情景分析就是，利用多媒体教学技术，运用声音、文字、图形、图像、动画和活动视频等多种媒体信息，再现文字内容，使员工身临其境，在轻松的氛围中了解知识。通过视频展示，让员工更加熟悉餐饮工作中的各个环节，对于规范技能训练意义重大。同时，通过对视频中各个环节的内容分析，又可以使员工不仅"知其然，更知其所以然"。

视频内容：2016年10月7日晚，服务员在清理806房间时把所有的垃圾都收走了。晚22：00张先生回房间后反映，他收藏的酒瓶子被服务员当垃圾收走了，非常不满。之后，服务员便主动向客人致歉，主管到垃圾站找回了收藏品，并和值班经理一同送到了客人房间，再次向客人赔礼道歉。

视频分析：遇到不同寻常的情况，就应该多留意，想一想为什么会出现这种情况。

3. 重视实际操作情景

实际操作情景就是，通过实物演示创设特定的情境，引起员工积极的、健康的情感体验，引导员工对知识进行探索。

冲突的预防与解决严格按照服务程序及服务流程和服务质量标准办事。解决冲突时应如下所做：

（1）以积极的态度听取和处理客人的意见，多一些宽容和忍耐，无论任何原因，都不能与客人争辩，要把理让给客人。

（2）学会换位思考，转换角色，设身处地地为客人考虑。

（3）在不违反规章制度的前提下，尽可能满足客人的需求，尽量维护客人的自尊，即使错在客人，也要给客人台阶下。

（4）维护酒店的形象和声誉，原则问题不放弃立场，但要注意语言的表达方式。

（5）对客人的任何意见和投诉，都要给予明确合理的解释或交代。如果事态严重，要立刻报告给上级领导。如果客人提出了合理建议、批评和投诉，要表示感谢。

第三阶：服务沙盘定制训练

体验，最终传递给消费者的是一种感觉，而消费者的感觉判断则来源于“五觉”，即视觉、味觉、听觉、嗅觉、触觉的综合感受。有了这“五觉”，才能构成顾客感觉，构成愉悦、快乐的客户体验，这就是缺一不可的酒店“五觉”系统工程。

为了满足目标市场的需求，酒店必须保有一种气氛。影响“气氛”的因素包括以下几个：听的是温馨悦耳，看的是赏心悦目，闻的是清新顺畅，尝的是美味可口，感到休闲放松和周到方便。2016年9月，全球瞩目的G20峰会国宴接待精彩展现了“五觉”系统，诠释了中国服务。不仅展现了国家实力，更是酒店人的自豪，下面我们就来看看“五觉”系统在G20峰会中的具体运用。

1. 视觉——吸引客人的眼球

视觉因素会影响客人对酒店的观感。照明、陈设布置、颜色等都是"视觉"的一部分，服务员的外表和着装也是如此。

（1）晚宴地址。G20峰会欢迎晚宴选在西子宾馆。西子三面濒湖，湖岸线长 1560 米；庭院开阔，面积约 20 万平方米。融汇了西湖十景、雷峰夕照，是杭州独有的城市名片。

G20 峰会欢迎晚宴厅起名"漪园"，源自乾隆下江南时的御赐额题。漪园分为五部分：序厅、宴会厅、会见厅、贵宾厅、游船码头，其建筑与园林、山水融汇在一起。内部装饰选用东阳木雕、青田石雕、安吉竹艺、铜雕等非物质文化遗产，杭州元素丰富，江南韵味十足，风格独特。

（2）台面布置。欢迎晚宴围绕"中国青山美丽，世界绿色未来"的设计理念，以"西湖元素"、"杭州特色"为载体，向世界来宾呈现出一场历史与现实交汇的"西湖盛宴"视觉大餐。

桌面，像卷轴画卷一样铺开，展现出一幅秀美无限的西湖画卷。餐桌上，雷峰夕照、断桥残雪、三潭印月、宝石流霞、平湖秋月等美景呼之欲出，中式园林造景手法和现代设计理念完美结合；以东阳木雕国家非遗工艺制作的雷峰塔、集贤亭、九曲桥、西湖游船，以龙泉青瓷制作的三潭印月、断桥残雪，结合竹编、果蔬雕等，更让西湖美景得到全景展现，受到了世界贵宾们的一致称赞。

（3）多彩餐具。整席餐具的设计以西湖山水为核心元素，与主背景和主桌台面融为一体、相得益彰。器型的设计，以西湖十景为原型，融合了三潭与葫芦造型，地域特色异常鲜明；花面设计，雷峰塔、保俶塔、苏堤等，采用了浙派水墨山水技法，突出了烟雨西湖的朦胧美感；再加上金边银线的点缀,更加营造出一种中国气韵。

(4)别样服饰。服务人员的衣裙都是量身定制的长袖立领旗袍,上身印有雷峰塔和三潭印月景色,下身则是流畅雪纺长裙,神采奕奕,洒脱自然。穿在身上,亭亭玉立,旖旎温婉,气质如兰,高贵幽雅。宴会开始后,服务员款款而至,与整个氛围融为一体。

(5)礼宾用品。欢迎晚宴礼宾用品,以西湖山水为核心设计元素,运用丝绸、书法、木雕、竹雕、团扇等传统工艺,向世界来宾表达了真诚而深厚的情谊。

2. 嗅觉——诱惑客人心动

杭州是最具幸福感的城市之一,群山叠韵、绿树成荫,外宾代表团纷纷称赞。欢迎晚宴厅地处漪园,走过去,要经过一个草坪。习近平主席和夫人彭丽媛邀贵宾一起沿湖边小路漫步前行,谈笑风生,气氛祥和,伴随着现场的悠扬丝竹,怡情怡景,令人感到心旷神怡。

3. 听觉——激发客户心跳

音乐是高雅客户体验的必需品,耳朵是聆听一切美好事物的窗口。G20峰会晚宴上,处处都拨动着人们的听觉。

(1)迎宾曲在接待中的运用。在欢快的迎宾曲中,习近平主席和夫人彭丽媛同贵宾们沿着序厅步入宴会厅;习近平主席在晚宴发表致辞,代表中国政府和中国人民热烈欢迎各位贵宾的到来,尽情展现了我们国家的热情。

(2)文艺晚会。9月4日晚在西湖山水实景中演出的峰会文艺晚会,惊艳了全世界。其中,南京"玉涧敲冰"古琴演奏的《高山流水》,让外宾听得如痴如醉。"高山流水"寓意为"乐曲高妙、琴艺精湛"、"知音难觅、相知可贵",既向世界展现了中国传统文化和艺术的高深精妙,也向世人表达了中国人民希望与世界人民友好相处的美好心愿。

4. 触觉——让客人身临其境

来宾触及的所有地方,都营造出一种极致体验,比如,美食的舌尖触碰之美,桌椅的舒适之美,餐具的精致之美,礼宾用品的用情之美,口布的舒适之美……都给外宾带来了良好的舒适体验。

5. 味觉——让客人产生行动

现在,很多客人都是对酒店服务满意度一般,对酒店里的菜品却情有独钟,这样特色菜品也就成了吸引客人的一个重要筹码。G20 国宴,重头戏当属菜品!

国宴接待酒店,在行政总厨朱启金先生的带领下,寻遍国内各地食材,经过上百次的烹制调整,花了整整一年的时间,自主研发了宴会菜品,比如,西湖印月迎宾花盘、清汤松茸、松子鳜鱼、龙井虾仁、膏蟹酿香橙、东坡牛扒、四季蔬果、杭州名点汇、水果冰淇淋等都受到入席嘉宾的一致好评和赞许!

三阶服务模式的优势

三阶服务模式,是以解决心智、素养为主的一种递进式的提升模式,其优势主要为改变传统的服务培训模式,以员工的技能培训为主。具体体现在如下方面:

1. 重视员工礼仪素养的训练

传统酒店培训，大多都是关于酒店营销类的，也就是告诉学员如何将酒店营销出去，因为利润才是酒店经营的唯一目的。可是，三阶服务模式却不是如此。

如果将酒店比作一个生物个体，那么员工就是其中的一个个小细胞。只有各个小细胞健康，生物整体才会健康；同样，只有提高了员工礼仪及综合素养，酒店才能实现理想的管理效果，才能长远发展。因此三阶服务模式提出：要重视员工礼仪素养的培训。引导酒店管理者提高重视，教会员工具体要点。

2. 多场景训练

传统酒店培训，通常仅会告诉学员具体的方法，或者跟学员有一些互动，很少会涉及场景设计训练，而三阶培训模式却异常重视多场景训练。

笔者认为，学习不是简单的知识吸收，还在于知识的灵活运用。设计合适的场景，让学员运用所学来解决问题，可以提高学习效果。只有通过实际场景，才能让学员获得身临其境的体验；只有通过不断的重复练习，学员才能知道遇到具体问题究竟该如何解决。

3. 重视"五觉"的作用

这也是三阶模式的重要内容，也是酒店管理不可忽视的主要方面。关于具体内容，在前面已经有了相关论述，在这里我们不再赘述。

下篇　服务系统：服务
6S 系统构建

第四章

S1：服务感知：体现酒店品牌内涵

客人如何感知服务质量

在产品同质化日益严重的今天，酒店只卖一种产品，那就是服务！酒店服务是酒店的无形和无价商品，可以随时随地向客人出售。所谓酒店服务质量是指，酒店服务活动所能达到规定要求和满足客人需求的能力与程度。

客人感知服务质量的十大要素如下：

（1）可靠性。酒店的第一次服务要及时、准确地完成，要准确结账，财务数据和客人数据记录要准确，并在指定的时间内完成。如果总是在这个问题上出错，客人就会对酒店的工作产生怀疑。

（2）反应性。员工的服务要及时，如即刻办理邮寄业务、迅速回复客人打来的电话、提供恰当的服务。客人有需求时，如果工作人员反应慢，或者爱搭不理，都会给客人留下不好的印象。

（3）能力佳。入住酒店，客人难免遇到各种各样的问题，这时就需要服务员做出应答。为了解决问题，酒店人员就要掌握所需知识和技能，与客人接触的员工要具备一定的知识和技能、组织能力等。

（4）可接近。如果客人有了需要，但无法与酒店及时联系，想想看，他们的反应会是怎样？因此，酒店一定要为客人提供易于接触和联系的方法，如通过电话联系到服务、接受服务等待的时间不能太长、营业时间便利、服务设备安置地点便利等。

（5）有礼貌。任何人都不喜欢和没礼貌的人打交道，因此要想让客人感知到服务，就要对他们客气、尊重、周到和友善，要照顾客人的利益，与客人接触的员工外表要干净、整洁。

（6）善沟通。为客人提供服务，免不了要沟通，这时候，就要用客人听得懂的语言表达和倾听客人陈述，向客人介绍服务本身的内容、所提供服务的费用、服务与费用的性价比，向客人确认要解决的问题。

（7）可信度。如果客人对酒店不信任，相信他们一定不会入住。只有可信的酒店，才是客人的首选。因此，一定要对客人诚实，时刻想着客人的利益。

（8）安全性。客人入住酒店，如果不是财物被偷，就是遇到打劫，一定不会再来。如果一进酒店就看到大堂有人打架，那么定然会扭头便走。安全，是客人选择酒店的一个重要参考。因此，如果想赢得客人，就要为他们提供安全的体验，如身体上的安全性、经济上的安全性等。

（9）理解心。每个人都希望获得他人的理解，入住酒店的客人同样如此！因此，一定要尽力理解客人的需求，了解客人的特殊需求，为客人提供个性化的关心。

（10）有形性。有形性是服务的实物特征，如实物设施、员工形象、提供服务时所使用的工具和设备、服务的实物表征、服务设施中的其他东西等。这些实实在在的东西，一定要让客人看得到！

为客人提供的服务是一次性的，一次性服务产品的质量如何，只能体现在客人当时的感知，而不是服务后的补偿。服务是一个服务主体与服务客体互动的过程，因此服务质量的最终形成，不仅是酒店服务员单方面的事情，还依赖于客人的参与度。

1. 不断提高酒店的食品质量

餐饮食品质量的好坏，不仅影响着餐饮产品质量的高低，还影响着酒店餐饮的服务质量，因此，酒店餐厅要对菜肴原料的选择严格把关，不要购入劣质的原料；餐厅的菜单要常换常新，丰富菜肴品种，满足各种客人的口味需要；提供给客人的食品种类应该卫生营养、芳香可口、易于消化；食品和各种感官的属性指标都要好一些，要让客人食后获得较高的满足感。

通常，各酒店每天都会根据内部标准为住店客人按照一定的标准配备果盘。可是，在实际工作中，我们经常看到的是，客房服务员大盘大盘地从客人的房内撤出水果。摆放果盘，难道仅是为了体现接待档次？难道客人真的不喜欢吃水果吗？如果不喜欢，我们有没有更好的解决方法？

事实上，不是客人不喜欢吃，只不过酒店没有配备他们喜欢吃的水果。这样，就是一种浪费，自然无法提升客人的满意度。之所以会出现这种现象，主要原因就在于，管理者和员工把目光盯在成本上，只考虑做出的果盘符合酒店成本控制标准，很少会考虑客人的需求，对每天撤出的水果熟视无睹，甚至个别员工还会觉得这是节约成本。

为了提高客人满意度，中豪大酒店实施了客房水果超市服务。第一次入住的客人或者没有客史的客人，酒店会按照每月的果盘制作标准为客人配备果盘；同时，还配备水果超市卡，上面罗列 8 种水果，客人可以从中选择。服务员整理房间时，会将标着房间号码的水果超市卡送到房务中心，下次配备水果时就会按照客人的需求进行配备。

2. 保持酒店设施设备的可用性和完备性

酒店的环境和设施设备是吸引客人的一个重要因素，也是酒店服务质量好坏的一个决定因素。幽雅的酒店环境和完善的设施设备可以对客人产生一种先声夺人的效果。因此，要想提高酒店的整体服务质量水平，就必须重视酒店的硬件设施。

（1）环境布置必须幽雅大方，设备设施必须干净整齐，设施设备的颜色、形状要与周围的环境相协调。

（2）酒店的服务设施必须从客人的需求出发，强调方便实用，灯光设计、菜单及其他印刷品的设计都应该多样化、个性化，满足不同层次、不同需求的客人。

（3）及时对酒店餐厅内的设施设备进行维修和保养，保证各个设施设备运行良好，让客人得到方便、舒适的享受。

防火和防盗都是保障客人生命财产安全的大事，一定要有严格的流程管理，要签署责任状，制定预防措施，经常督促检查。

3. 重视酒店的卫生工作

酒店清洁卫生不仅可以让客人感到称心、放心，还会令他们感到心情舒畅，所以一定要重视酒店的卫生工作。

首先，保证食品卫生，确保食品原料本身及其在采购加工等环节中不遭受有毒、有害物质的污染，并确保食品原料存放、制作符合食品卫生要求。

其次，员工服装整洁，服务员要穿着整洁，谈吐大方，养成良好的个人卫生习惯。

4. 营造良好的餐厅氛围

餐厅布置要幽雅大方，不同层次的客人需求不同，餐厅布置要能适宜多类客人群用餐。包厢布置，要主题化、个性化、多样化；灯光设计等都要符合场合，用餐时可以视情况赠送红玫瑰、巧克力等来营造气氛；商务包厢要注重酒店餐厅的商业功能，保护客人的隐私，配备必要的商务设备，比如用电插口、网络接口，传真机等；家庭包厢则要温馨和谐等。

酒店服务三感：感觉、感谢、感恩

酒店属于服务行业，服务质量是酒店的生命线，是酒店竞争的核心和焦点，是一个常说常新的话题。在 21 世纪的今天，全球酒店竞争空前激烈，"消费者主权"已经崛起，客人是至高无上的"上帝"。为了使自己的服务质量得以保证和提高，形成服务优势，提高竞争力，许多酒店经营者已将客人服务视作一项创新任务进行重新研究。

那么，酒店到底应该怎样以客人的需求为中心，为客人提供满意的服务呢？服务质量不能由管理者来决定，必须建立在客人需求、向往和期望上。更重要的是，服务质量不是一种客观决定的质量，而是客人对服务的主观感知。

1. 感觉

酒店服务是酒店员工以酒店的设备设施为基础、以客人为消费对象、以一定的消费活动与一定的情感投入为内容，为客人提供所需的物质享受和精神享受的行为效用的总和。酒店的服务大多是在客人和服务员的互动中完成的，是高接触性的服务，因此，一定要给客人带来好的感觉。

李丽是一家酒店的常住客人，每次出差都要入住这里。2016年6月的一天，李丽又入住了这家酒店。可是，去逛街时，不小心将高跟凉鞋的鞋跟弄掉了，只好打电话给前台，想让酒店帮她找能粘鞋的胶水。

当时，酒店员工小李当班，了解到情况后，小李说："李小姐，您把鞋子给我吧！我帮您想办法，一会儿弄好后给你送到房间来。"李丽不好意思地把鞋交给她。可是，小李却说："这都是我们应该做的，谢谢您一直很青睐我们酒店！"

不一会儿，小李就将用透明塑料袋装好的鞋子送到了李丽的房间。不仅鞋子粘好了，还擦得特别干净。李丽感到了一种从未有过的满足。

酒店服务和大多数高接触性服务一样，至少具有四个重要的显著特征：一种活动和过程；生产、消费和传递过程同时发生；客人参与生产过程；无形性。在客人亲自参与的服务过程中，客人和酒店服务员会进行密切互动，要经历一系列服务的关键时刻。这些关键时刻就是向客人展示服务质量的机会，也是给客人留下深刻印象的时刻，极大地影响着客人的服务感知，对客人感知服务质量的水平起着决定性的作用。

服务质量无法从服务过程中脱离出来，服务生产过程的结果只是客人感知服务质量的一部分，酒店服务就要将服务质量管理的重点放在客人感知服务质量上，只有客人满意的服务才可能是优质的服务。

2. 感谢

酒店客人对服务质量的感知具有主观性：

首先，酒店服务没有具体的、明确的感观标准让客人去评价。在大多数服务营销著作中，酒店服务都被看作服务的重要特征。无形性是指，服务不是一种有形的物体，而是一组由一系列活动所组成的过程。因此，酒店服务不同于工业产品，缺乏具体的、明确的感观标准，客人对服务质量的评价就显得非常困难了。

其次，客人的需求不同、消费经验不同，不具备评定服务质量的专业知识，一般都会用主观期望、个人的心理感受去感知服务质量。客人会从酒店服务的有形性、可靠性、响应性、真实性、移情性、安全性等方面去感知服务满足他们的程度。所以，酒店要想很好地控制服务质量，必须把客人感知服务质量视为衡量和判断服务质量的标准。

3. 感恩

酒店要对客人充满感恩之情，为了做到这一点，要从以下两方面做起：

（1）树立良好的个人形象。在消费过程中，客人一般都会追求一种比平常生活更高标准的享受。进入酒店后，客人先会感受到酒店服务员的形象如何。因此，要让员工外表五官端正，显示健康和活力；服饰要色彩和式样和谐；要使用礼貌用语，适当称呼客人，友好得体地回答问题。

（2）创建良好的服务环境。客人出门在外，会把酒店当作自己临时的家，他们会用自己的感知认真审视这个"家"，为了表达对客人的感恩，就要创建良好的内部环境，使客人产生美好的感受知觉和愉快的消费情绪，从而对酒店留下难忘的印象，形成晕轮效应。

只有超预期，才能被点赞

什么是优质服务？行家认为，规范服务＋超常服务＝优质服务。

客人预期值与实现值的差距直接影响着客人对酒店服务的质量评价。当客人在酒店服务的实现值等于或者大于预期值时，就会对酒店的服务感到满意或者比较满意；当实现值小于其预期值时，则会对酒店的服务感到不满意，从而影响到客人对酒店的评价。从这个意义上来说，让客人对酒店服务感到满意，为其提供实现值大于其预期值的服务就显得至关重要了。

很多戴眼镜的客人经常会遇到这样的事情：每次就餐时，热腾腾的饭菜很容易使眼镜蒙上一层水雾，这时不得不将眼镜摘下，用餐巾纸使劲擦。可是，餐巾纸不是专用工具，很容易将眼镜划出道道痕迹。

中豪大酒店的员工发现了客人的需求，只要戴眼镜的客人一入座，热情的服务员就会递上一块麂皮眼镜布，给客人带来惊喜。

客人对酒店服务评价的高低取决于他对酒店服务的期望与实际感受到的服务水准之间的差距。如果酒店服务超过其预期水平，客人就会对酒店的服务感到满意；如果酒店的服务水准没有达到客人的预期水平，即使该酒店的服务水准不错，客人也会产生不满。

概括起来，客人期望的形成主要受以下几个因素的影响：

（1）酒店夸大宣传。面临激烈竞争的市场，一些酒店为了吸引客人、扩大客源，会通过互联网、旅行社等进行虚假宣传、欺瞒客人，侵犯客人的知情权，一旦客人"上钩"就宰你没商量。比如，一些酒店在网站宣传时，酒店图片美轮美奂，将酒店设施、设备功能、形象艺术化，客人来到酒店现场才会看到卸了妆的酒店，直接影响客人对酒店的预期值。

（2）客人期望太高。一些酒店，特别是一些国有酒店曾经接待过达人显贵、大商巨贾，能够提供高质量的服务，但酒店设施老化，经营理念落后，必然会直接影响酒店服务质量的提高。一些没有入住过的客人，听闻盛名而来，入住时必然会发现虚有其名。

（3）他人的高度评价。一些客人是通过口碑效应才得知该酒店的。客人对这些人往往都比较信任，入住后发现并不如亲朋好友说的那么好，就会对酒店产生不满。

（4）酒店不良事件的发生。一些不良事件，可能并不是什么大事，但任何一件小事情都可能成为影响酒店形象的大事，使得 $99 + 1 = 0$。酒店是个整体，在很多吹毛求疵的客人眼里，一件细小的不良事件不管是发生在自己身上，还是发生在他人身上，都会降低其对酒店的预期值。

（5）客人在其他酒店的良好经历。经常住酒店的客人，往往会将以前住过的酒店与当前入住的酒店作比较。如果客人在其他酒店获得过更好的服务，则会降低其对当前入住酒店的预期值。

在既定的服务水平下，要想提高客人的满意度，酒店就必须对客人的期望进行积极管理。具体方法如下：

1. 认真观察，创新服务

如果酒店自身具备的财力有限，无法及时更新设备、提供更高性能的服务设备，就要在软件服务上下功夫。酒店应培养员工察言观色的能力，让他们想客人所想、急客人所急，为客人提供更加人性化、亲情化、创新化的服务，弥补酒店在硬件设备上的不足，增加客人对酒店的满意度。

2. 抓住时机，及时处理

一些客人经常入住酒店，喜欢将不同酒店的服务、价格进行比较。一些客人即使对酒店服务有不满，也不会表现出来，但会在离店后向其他人诉说自己在酒店的不良经历。因此，一定要及时满足客人的需求，实现客人预期值。如果客人给酒店提出了好的建议，可以向其赠送一些小礼品或者入住打折，提升客人的积极性和满意度。

3. 实事求是，不夸大

酒店要实事求是地介绍酒店的设施、所能提供的服务、价格，不要做一锤子买卖。如此，客人就可以感受到酒店的诚信经营，继而对酒店产生好感。一旦其得到了良好的服务，就可以通过口碑效应，为酒店带来更大的客源。

逐利性：人的天性使然

在工作中，许多人认为，自己给老板打工，老板给自己支付薪水；支付多少薪水，便干多少活，其他的便与自己无关了。可是，事实却并非如此！

"客人是我们的衣食父母"绝不仅是句口号。在任何酒店，不管是领导者还是普通员工，不管所做的工作是否直接面对客人，给酒店支付薪水的都是客人！

道理非常简单！如果酒店连续数月或一年没有客人光顾，那么离关门也就不远了。不管是负责客房的服务员，还是管理内勤的行政人员，都会面临被解雇的危险。酒店没有客人，自然也就没有了利润，当然无法再支付员工薪水了，除了关门，老板还能有什么办法呢？

任何一家酒店，要想留住客人，保证利润来源，一定要给客人提供优质的服务。

酒店员工需要和客人直接接触，会面临许多销售机会，因此，除了按服务规程提供规范化服务之外，还需积极、主动、创造性地推销酒店的各项产品与服务。一方面，酒店要对员工进行相应的销售知识与技巧的培训；另一方面，也应充分创造条件，在制度上给予支持，如给予前台人员一定的折扣和优惠权限。

客人就是"老板"，这是一个真真切切的事实。因此，不断提高服务质量，强化员工服务意识，这对所有酒店来说都是必须的。作为酒店，如果想获得长远的发展，就一定要树立服务意识，提高服务能力。

一定要记住："客人就是上帝！"之所以秉承这个理念，就是为了让客人得到满意度更高的服务。因此，对待客人，要用心处理好每一个细节，要"以客人为中心"，从客人的利益出发。即使是为客人准备一个小手提袋、一张报纸、一个老花镜或者一句普通的问候，也会温暖客人的心。一旦得到了客人的认可和好评，就会提升酒店形象，给酒店带来效益。当然，酒店的利润自然会得到保证，并不断充盈。

（1）不管是哪个岗位上的员工，都不能怠慢客人。

（2）把"你的薪水来源于你的客人"这个观点灌输给员工。

（3）让员工将"你的薪水来源于你的客人"作为日后工作的行为准则。

精确性："点穴"的功夫

自国家旅游局对我国酒店实施星级评定以来，我国酒店无论是在设施配备上，还是在管理观念和服务水平上，都得到了快速提升。尤其是在酒店标准化服务与管理方面，进步更加显著。可是，随着市场竞争的日益加剧和消费者需求的多元化，仅靠标准化设施和服务是无法满足消费者需求的，不仅无法形成酒店特色，也无法在市场竞争中占据优势。因此，准确把握客人的需求就显得尤为重要了。

1. 服务上，要多一些灵活性

为了满足不同客人的合理消费需求，就要灵活处置各种意外情况，及时为客人提供服务。如果酒店没有相应的服务标准与规范，但只要客人提出的要求是合理的，酒店就应尽最大可能满足客人的要求，提供及时、准确、灵活、体贴入微的服务。

有位法国客人30年后再次访问曼谷，无意中向服务员讲述了自己昔日睡在蚊帐里的乐趣。酒店便立即派人送来一顶大蚊帐，安放在客人带空调的房间，为客人找回了当年的感觉。

2. 为客人提供个性化的服务

在满足客人共性需求的基础上，针对客人可以提供具有个性特点和满足特殊需求的服务。也就是说，要针对客人的个性特点和特殊需求，量体裁衣，把特别的爱献给特别的客人。

一天上午，周先生正在认真地翻阅会议资料。服务员小朱为其打扫房间，发现周先生不停地咳嗽，很难受。小朱很着急，诚恳地问："周先生，您感冒了吧？去看医生了吗？医务室的电话是 1285，需要我帮您联系一下吗？"

客人感激地说："谢谢了，我已经吃过药了，已经好些了。"小朱说："房间水果是刚上的，新鲜，你吃个梨吧！梨清肺止咳吃了或许会好些。"

周先生说："是啊，可是还要削皮，有点麻烦！"小朱马上拿起水果刀把一个梨削了皮，送到了客人手上。

3. 超过客人的预期

所谓超值服务就是指，在标准化服务的基础上，为客人提供超出其所付费用价值或超出客人期望值的服务。比如，如果是糖尿病患者，就要主动地为他送上一碗无糖的芋头汤；得知客人过生日，可以为其送上一个生日蛋糕，并附上温馨的祝福。

4. 用情感打动客人

情感服务通常表现为，服务员发自内心地主动与客人进行情感交流，想客人之所想，急客人之所急，设身处地地为客人着想，并在服务过程中重视客人的心理感受，满足客人提出的个性化需求，使客人感到心灵上的满足与放松。

比如，为了尊重客人的隐私，在汉堡四季酒店的双人房间，就设有两个单独的藏衣室和互不干扰的两个大浴缸。

5. 主动为客人提供意外服务

所谓意外服务就是，如果客人在住店期间发生了意外事件，在客人最需要帮助的时候，为客人提供准确到位的服务，让客人倍感惊喜并终生难忘。

比如，香港文华酒店的客房部备着一箱新衣服和日常用品，如果客人的箱子或衣物丢失而有急用时，酒店就会把备用品赠给客人。

6. 超前服务也不错

所谓超前服务是指，酒店主动寻求为客人提供服务的机会，根据预测客人的需要在客人开口之前为其提供出乎客人意料的服务。

比如，如果客人有客到访，服务员就要主动加入多套茶具供客人使用；同时，还要征求客人意见，看看他是否需要其他服务，如为他们订餐厅。

便捷性：不要把客人的时间不当钱

在速度制胜的时代，现代酒店走向成功的秘诀之一就是迅捷的速度。只有效率足够高，酒店才能继续生存下去。对于酒店来说，只有提供高效服务，才能维护与客人良好的关系，才能为客人增加价值和利益。

高效服务，是真正视客人为上帝的最佳具体行为。对于服务来说，效率也是一条生命线。任何一名优秀的服务员都会将自己优质、专业的服务体现在高效率上，不要把客人的时间不当钱。

何谓效率，就是用最短的时间完成最大的工作量。酒店工作效率，就是在酒店服务中用最快的速度达到客人最满意。可是，就是这样一个简单的经济学逻辑，在平常的工作中却运用得不理想，有时反而做得很差。

某日傍晚，小王正在上中班，在前台接待处接待了一位来自一家宾馆的工作人员。对方告诉她，县委书记在她所在宾馆开会，会议马上要开始，却少了书记的座位牌，为了赶时间，她火速来到这里，想借一个刘书记的座位牌。

听明白她的意思表示，小王立刻给酒店中餐营业部打电话，咨询是否有书记的座位牌。对方表示没有后，小王便继续问，这种会议物品一般由谁保管。对方说，可能甲经理有仓库钥匙。

小王安抚了一下焦急等待的宾馆工作人员，又马上致电甲经理，结果对方说：自己不当班，钥匙不在她那儿，可能在乙身上但她没有乙的号码。结果，小王只好又致电中餐营业部，问乙的号码。在获得号码后，立马致电给……

事情其实很简单，只要当班人员都交好班，熟悉自己的本职工作，熟悉本部门的工作和人员，也不至于为了找一张座位牌而周转这么多人，耽误这么长时间。

面对激烈的市场竞争，对于市场上的酒店而言，效率是至关重要的筹码。酒店如果连基本的竞争要素都没有，自然就很容易被其他同行业所打败。所以，针对酒店管理，要在平时一贯的要求下，观察自己的服务效率是不是够高？在服务质量得到客人满意的同时，客人对酒店的服务效率是不是满意？如果住店客人都满意，才可以安然无忧。

很多成功的酒店都将快速、高效作为服务品质的体现。很多时候，客人的满意度需要靠高效率来争取，比如，夏天修空调，同样的服务内容，报修两小时到和两天到，在服务速度和及时性上就会出现天壤之别。对于客人来讲，早修好一小时，就早一小时享受到清凉。

酒店管理一定要重视便捷性，要点如下：

（1）熟练掌握工作流程，遇到问题时快速反应。多找方法，不找借口。

（2）与其他团队成员积极合作，以解决客人的问题是自己义不容辞的责任。不仅要把自己手头的工作做好，也要与其他团队成员配合，为酒店的服务添一份保障。

互动性：良好的沟通体验

语言是人们沟通最主要的方式，运用得当，不仅能化干戈为玉帛，还能动人心弦、沁人心脾；运用不当，不仅会加深误解，还有可能伤透人心。因此，对于酒店服务来讲，与客人交流时的语言是否热情、礼貌、准确、得体，会直接影响客人的行为及客人对酒店的印象。因而，掌握有效的沟通语言就非常重要了。

要想与人有效地交流，必须灵活地运用语言，以对方能够接受的、熟悉的语言来进行沟通，才能让对方欣然接受你的意见或主张。同样，对于酒店服务员来讲，要想与客人交流和了解客人，就要有效地掌握沟通语言和沟通技巧。

所谓有效，就是所说的话能够被客人理解和接受，并有利于问题的解决。有效的沟通语言一般都有逻辑性、层次清楚、表意明白，并且是善意的。因此，要想清晰地表达自己的想法，语言必须简洁，所讲的材料必须条理化，使用的词汇要准确，语言有逻辑，表达清晰无误。

每个人都不愿意浪费时间，因此在与客人沟通时，谈话要突出重点，尽量以最少的文字传递出主要信息。在与客人沟通时，要让服务员注意自己发音的音调、音量、口音、语速、停顿及语调等，因为这些因素也会影响沟通的质量。

讲话要吐字清晰，音量适中；讲话的速度要适中，并根据具体情况进行调节。通常，语速太快会给对方一种紧迫感，容易使对方转移注意力，并难以理解你所说的话；语速太慢，则会使客人不知所云，或产生厌倦情绪而抓不住讲话的思路。

另外，在与客人沟通时，说话要因时间、地点、人物的不同而有所不同，要根据具体情况和场景来确定沟通方式和谈话内容，尽量不要使用命令式，多用请求式；少用否定句，多用肯定句；言辞要生动，语气要委婉，并配合适当的表情和动作。

向客人传递的信息要真实、准确，不要做虚假的宣传，避免夸大其词；如果客人发现酒店工作人员说了假话，酒店会马上陷入困境。不要与客人发生争论，要牢记"客人永远是对的"；绝对不能侮辱、挖苦、讽刺客人，更不能使用粗俗的语言。遇到意外情况，应该多留意一下，想一想为什么会出现这种情况。

合适的提问可以有效而正确地了解客人的信息，是提高客人满意度的重要方法。如果希望沟通到位，让客人满意，就多想一个恰当的提问。但是，向客人提问，客人可能会告诉你他们想什么，不一定会告诉你为什么。因此，要掌握好提问的技巧，多问可延续对话的问题，诱导客人说出更多，真正加深与客人的交流，帮助你进一步了解客人的需要。

1. 注意说话的声调和语气

提问的时候，如果表情冷漠，即使掌握再好的提问技巧也无济于事。因此，在开口问话之前，一定要先想好，你是否真想帮助客人。公事公办或者应付了事的心态，只会阻碍沟通。

少用是非题或选择题，是向客人发问时的一个重要技巧。问客人是非题，就不会了解全面的情况，不会了解客人为什么会选择"否"而不选择"是"。也就是说，只知道客人要想什么或不要想什么，但不会知道原因。

2. 可以向客人问一些额外问题

这是与客人交往时最好的问题，如询问客人还有什么其他要求等。这种问题能使客人感觉到你确实是很认真地在为其服务。

当然，向客人提问时千万不要问一些不该问的问题，比如，客人的年龄、收入、宗教信仰、政治观点等。这些问题在大多数情况下不但会令客人做出使对话终止的回应，更会损害你再次提供服务的机会——客人不再是回头客了。

此外，还有一些技巧层面的问题不要问，如"对于我们公司或我们提供的服务，您哪里不喜欢？"这样的问题，等于向客人承认他选择你的酒店是错的。

荣享性：心理满足感

在竞争激烈的社会，客人成为酒店必争的资源。可是，客人对服务的要求越来越高，为客人提供不同寻常的服务也就成了酒店提高竞争力的核心。从某种程度上讲，优质服务是获得更多客人的法宝！

试想一下，为什么大多数人有钱人，在请客吃饭的时候都会选择星级酒店？为什么在购物的时候都会选择大商场？也许你会说，因为星级酒店做的菜好吃，大商场里的衣服有品位。这当然是吸引客人的地方，但是最主要的原因还是，客人注重的是服务条件。

同样的一道菜，端到星级酒店和一般餐厅会产生两种不同的价值：在星级酒店，能够享受到非常舒服的环境条件，会觉得在这里"吃的不仅是饭，还是一种享受"。人们喜欢去大商场的原因也一样，或许在衣物上并没有太大的差别，但是却可以让人感受到最周到的服务。所以，要想让客人成为忠实的客人，就要从每一个人的服务环节做起。

酒店的产品可以不是星级的，但一定要做到星级服务。外在的星级标准需要强大的资金支持或者相关部门的认定，但是服务上的星级，却是由酒店自己所决定的，这些都可以通过努力得到改善。

对于服务员来说，自然无法给客人提供更高档的硬件环境、不能为客人提供更高端的产品，这些都是酒店决定的。但是每个人都可以给客人提供五星级的服务，如贴心的微笑、和气的说话、举手之劳的帮助，这是个人可以做到的。

小王是个酒店服务员，一天小王下班的时候，突然接到一个客人来电。客人说，房间顶部声音很响，严重影响她的睡眠。接到电话后，小王立马前往该客人的房间，上楼查看了该房间正顶上的房间。经过调查，声音确实是楼上的客人发出的，但这位客人的态度很不友好。

为了不惊扰客人，小王便协助客人转房，转到了另外一个房间。客人感到很满意，说："遇见你们真是我的救星，我来酒店本就是为了避免过年的爆竹声，昨晚没睡好，如果今晚还不能睡好，我的身体肯定要崩溃的。现在好了，谢谢你们周到的服务！"

看着客人能开心地入住自家酒店，小王也觉得很满足。

服务，并不是什么高难度的工作，不需要高技术含量，只要想客人所想、急客人所急，认真细致地做好自己的工作，让客人感到满意，觉得满足，客人肯定会给予酒店服务肯定的评价。那么，怎样让客人感受到星级的服务呢？

1. 用心倾听，消除客人急躁情绪

客人刚刚入住，就出现了问题，自然很难保持平静的心境。这时，应先倾听客人的抱怨，让客人发泄自己的情绪；然后，用真诚的微笑消除客人的各种顾虑，让他相信你，一定会给出一个让其满意的答复。

2. 用宽容之心对待客人效果好

面对客人的各种抱怨，应该认真地听客人的倾诉；如果客户语言过激，就要学会包容。换位想想，如果你遇到这样的事情，大概也会做出同客人相同的反应。

万事有容乃大！待客人发泄完自己的情绪后，他会用相对积极的态度和你一起找寻解决问题的办法。如果你能够包容他当时的情绪，客人就会对你产生一种感激的心态。这时，再找出主要的矛盾所在，事情就能得到很好的解决了。

3. 用自己的真实行动去打动客人

只说不做，客人会认为你是一个只会夸夸其谈的人，所以要把自己说过的话用行动来实现。一旦客人觉得你是一个踏实可靠的人，就会继续相信你。

特别要注意的是，自己对客人有过什么样的承诺，一定要兑现。在自己没有充分把握时，尽量不要许下任何诺言。

第五章

S2：服务内涵：挖掘酒店服务本质

酒店出售的 12 大服务产品

酒店向客人提供的最主要产品就是服务，主要包括如下三方面内容：

（1）服务员的日常工作。从形式上看，服务就是服务员所做的接待服务、解答疑难、清洁卫生、美化环境等工作，但从实际上看，服务是服务员通过语言、动作、姿态、表情、仪容仪表、行为举止所体现出对客人的尊重、欢迎、关注、友好。其中，服务员要有严格认真的服务精神、客人至上的服务意识、快捷的服务效率等，这些都是酒店服务产品的核心内容。

（2）针对客人需要设计不同的服务程序。包括静态服务、有声服务、无言服务、即时服务、缓冲服务、增兴服务、补偿服务、针对服务、预警服务、诱导服务等。

（3）服务设施及诸多的服务项目。包括食、住、行、游、购、康乐、商务等多种设施及洗衣、代邮、询问、叫醒、贵重物品保管、行李寄存、美容、答疑及为残疾人服务等多项内容。从形式来看，又分为有形产品与无形产品两个方面。有形产品包括食品、纪念品、饮料等；无形产品包括气氛、环境和服务员的精神面貌、礼貌态度、语言行为等。

酒店的服务内容是衡量酒店星级标准的一个重要部分。一般情况下，星级越高，服务项目越多、越全。一般来讲，酒店出售以下 12 大项服务产品：

1. 接待服务

酒店的接待工作，内容主要包括：停车、行李运送、问询、外币兑换服务；电话、电传、电报、图文的传真服务；打字、打印、秘书、翻译等服务；租车、订票、医疗及各种会议接待等服务；贵重物品的存放服务等。

2. 客房服务

客房服务的项目主要有：客房出租及房内冷热水供应，电话、电视、叫醒服务，洗衣、熨衣、客房酒水、客房保险箱、擦鞋服务等。

大多酒店客房都配备两个或者两个以上的礼品袋，方便客人使用。但在日常服务中，我们经常会看到客人提着一个大大的礼品袋，里面只放了一件很小的物品。既浪费酒店资源，也不方便客人使用。现在，有家酒店设计了五种尺寸的礼品袋，客人可以根据所装物品的大小选择礼品袋，让客人感受到了不同。

实际上服务创新并不难，就是"客人没想到的，我们都能为客人想到、做到；客人认为我们做不到的，我们却为客人做到了；客人认为我们做得很好了，我们要做得更好"。这样，就会感动一批客人，塑造一批忠诚客人。

3. 餐饮服务

酒店餐饮服务的主要内容有中餐、西餐、风味餐、自助餐、宴会、酒会、咖啡厅、酒吧及客房送餐服务等。

4. 娱乐服务

酒店娱乐服务的内容有歌舞厅、保龄球、桌球、网球、游泳池、健身、美容、美发、桑拿浴或蒸汽浴、按摩、棋牌、电子游戏等。

5. 商场服务

酒店的商场，要出售各种商品，如日用品、食品、工艺品、文化用品、服装、图书、鲜花等。

6. 汽车出租服务

酒店的汽车出租服务主要包括旅游汽车出租、商务租车服务、自行车出租服务等。

7. 医疗服务

大规模的星级酒店通常都设有医疗室，但也只是治疗一些常见性疾病。如果客人患了诊断没把握和临床大病，就要及时送往附近的医院。

8. 安全服务

内容为：磁卡房门、闭路监视器（电梯、走廊、大堂、安全通道等公众场合）、保安人员、防火措施（烟雾感应器、灭火器、逃生门）。

9. 清洁服务

内容为：房间清洁，衣物清洁。

10. 住宿服务

酒店提供床位、被褥、衣柜、洗浴、饮用水、电视、空调。

11. 预订服务

预订服务包括预订房间，预订机票、火车票，如客人需要可帮助预订旅游团。

12. 咨询服务

在酒店大堂前厅部，客人可以咨询旅途和住宿问题。

酒店服务的五大特性

对于酒店来讲，服务质量的好坏，主要受四个方面因素的影响，如表5－1所示。

表5－1　服务质量的影响因素

因素	说明
物	酒店的"硬件"因素。包括酒店外形建筑、设备设施、房间布局、室内装修、家具用品的设置等
人	酒店的软件设施。包括工作人员的思想作风、工作态度、服务技能、文化修养等
饮食	包括酒水、菜肴等
安保	提高服务质量的关键因素

由此，服务质量的真正内涵，不仅是客人需求满足的综合反映，还是酒店"软件"和"硬件"完美结合的具体体现。以质量求生存，以质量求信誉，以质量赢得市场，以质量赢得效益，服务质量是酒店的生命。

酒店的竞争归根结底是服务质量的竞争，服务质量是酒店的生命线。服务质量具有功能性、经济性、安全性、快捷性、舒适性、文明性六个特性。

服务员对客人的问询应有问必有答，绝不能说"不知道、不懂、不会、不行、没有"。如果自己确实不知道，也要尽可能弄清楚后再告诉客人。在客人提出增加茶几时，服务员应当立即回答："好的，我一定想办法给您解决。"假如找不到备用茶几，也可向领班或部门经理反映，从其他会议室等处暂挪用。一旦客人提了意见后再解决问题，主动服务转变成了被动服务，客人是不会满意的。

另外，如果确实不知道答案，就要直接告诉客人，并抱歉地说："对不起。"那样，客人既不会因为服务员"不知道"而怪罪，还会被其热情服务所感动。

概括起来，酒店的服务产品具有以下特点：

1. 酒店服务是一种综合性服务

酒店的服务产品是服务工作、不同的服务程序和服务设施、服务项目的综合，是有形设施与无形服务产品的结合，是物质和精神产品的综合。

酒店向每位客人提供的产品是上述几个方面的结合，每个方面都是产品的组成部分，每个环节、每一部位出了问题，都会对服务产品的质量造成影响。

2. 酒店服务要和客人直接发生关系

通常，物质产品价值的实现需经历三个阶段：生产—流通—消费。而酒店服务的生产与消费是同步进行的，酒店服务的生产（提供服务）受客人的即时需要限制而定时、定量进行，即酒店员工与客人之间是面对面交流的，当面服务、当面消费。

服务的好坏，要受客人的当面检验，并对酒店产生直接影响！

3. 酒店服务不可贮藏

这一特点是由酒店服务的直接性决定的。

酒店向客人提供的各种设施和服务，如客房、餐饮、洗浴、环境等，不能储存，不能搬运，只有客人光顾或住进酒店时才能享用；当客人离店时，服务也就随即终止。同时，由于酒店设施和时间等条件的限制，酒店服务不能事前生产出来贮藏备用，也不能临时增加。

4. 酒店服务无法恒定维持

酒店的产品质量受人为因素影响较大，无法恒定地维持一致。主要原因有两个：一方面，服务对象是人，有着不同的兴趣、爱好、风俗、习惯，有着不同的动机和需要；另一方面，提供服务的也是人，其提供的服务受知识、性格、情绪等影响。

5. 酒店的声誉对酒店的销售起决定作用

由于受上述几方面的影响，客人在购买"服务"这种特殊商品时会产生"担风险"的心理，不利于商品的销售。因此，在可以选择的情况下，决定客人是否前来酒店消费的主要因素是，客人对酒店的信任及酒店在客人心目中的形象。

酒店客人需要什么样的服务

对于酒店，客人也有自己的心理期待，那么在酒店，客人希望得到什么样的服务呢？

（1）客人希望酒店是干净卫生的、整洁美观的。客人入住酒店，在使用酒店的餐厅、客房的用品时，经常会担心卫生状况。他们会担心餐厅的食品是否卫生，有没有清洗干静，有没有消过毒，菜和饭里会不会有苍蝇、头发、沙粒等。在客房，他们会担心床单清洗是否干净，有无污渍，被子里有无毛发、异物等。他们要求物品常换常新、必须干净卫生。

（2）客人希望使用的必须是放心安全的。客人入住酒店，希望酒店提供的产品和消费空间是有品质的、有保证的、让人放心的。安全是客人最低层次的需求，要保障客人的安全，先要保证设施设备的安全性，比如，科学安全的装修设计、完善的消防设施、有效的防盗装置、规范的设备安装等。

（3）客人希望使用的必须是完整有效的。有效是客人对酒店服务的核心需求。酒店服务的有效，先表现为设施设备的有效。因此，酒店的功能布局要合理，设施要配套，设备要完好，运行要正常，使用要方便；酒店服务项目的设置要到位，服务时间的安排要合理，服务程序的设计要科学，服务方式的选择要恰当，服务标准的制定要适度，员工的服务技能要熟练。

（4）客人希望体验的必须是开心舒适的。酒店是客人接受服务的现场，整齐统一、美观的内部环境会使客人心情愉快、赏心悦目。

酒店的四壁、地面、天花板、陈设品进行装饰和摆设时，应整洁、干净、协调一致。

酒店内部环境要洁净、整齐、整洁、卫生、舒适。

服务员出现在客人面前应该是完美的，服务表现、形象与语言、技能都要和谐统一。要用完美的服务感染客人，努力营造一个轻松、愉悦的氛围，给客人带来愉快、舒适的感受。

一天，南京某酒店大堂，两位外国客人向大堂副理值班台走来。大堂倪副经理立即起身，面带微笑地以敬语问候。让座后，两位客人忧虑地讲述起他们心中的苦闷："我们从英国来，在这儿负责一项工程，大约要三个月，可是离开了翻译我们就成了睁眼瞎，有没有办法能让我们尽快解除这种陌生感？"

小倪微笑地用英语答道："感谢两位先生光临指导我店，使大厅蓬荜生辉。这座历史悠久的都市同样欢迎两位先生的光临，你们在街头散步的英国绅士风度也一定会博得市民的赞赏。"熟练的英语所表达的亲切，一下子拉近了彼此的距离，气氛变得活跃起来。

之后，外宾更加广泛地询问了当地的生活环境、城市景观和风土人情。从长江大桥到六朝古迹，从秦淮风情到地方风味，小倪无不一一细说。

（5）客人希望的服务必须是快捷高效。无论前台登记入住，还是餐厅用餐、客房服务，让客人等待过久，都会让酒店服务大打折扣，甚至招致客人投诉。

每一位入住酒店享受服务的客人，都希望酒店的服务规范、高效、快捷。客人外出探亲旅游、开会、经商往往是快节奏的，从内心来说，他们希望酒店提供的一切服务必须是高效快捷、准确无误的。

（6）客人希望的服务必须是亲切礼貌的。客人到酒店来，他们希望是受欢迎的。因此，为其提供服务时，要面带微笑，亲切礼貌；同时，要对客人发自内心的热情，目光友好、亲切，在服务中亲切礼貌。

（7）客人都希望被特别关注。任何人都希望被人关注和关心，都愿意为感情付费，当客人为感情付费时，往往就会忽略价格等有形的差异。因此，酒店要像对待朋友一样关注客人，要为客人献上一份特别的爱。

了解了客人的需求，在为客人提供服务的时候，就要坚持下面两条：

（1）坚持"四不"准则。对客服务是一门学问，也是一门艺术。对客服务的要求中，最基本的一条就是要遵循"四不准则"：不冷落客人、不敷衍客人、不回绝客人、不反驳客人。

比如，客人到了，就要热情地接待、满足客人，要尽量让客人感觉宾至如归，客人有什么不懂的要为他们解答；因此，一定要了解酒店里的一切。在酒店业，"客人永远是对的"。无论客人提出什么要求，都要尽最大努力满足，不能反驳。

（2）将心思都用在客户身上。在竞争日益激烈的酒店业，只要能做好产品和服务，就能赢取客人，就能立于不败之地，保持酒店效益持续发展。

酒店总经理要关注服务细节，把心思放在客人身上，比如，客人需要什么样的产品和服务，怎样才能用"服务"提高客人的满意度？酒店管理者不但要具备发现问题的能力，还应具备对问题进行补救、修复、解决的能力，从而留住客人。

Service：服务理念新释义

"Service"是酒店服务的新理念，其中，"S"，Smile，代表的是"微笑"；"E"，Excellent，代表的是"出色"；"R"，Ready，代表"准备好"；"V"，Viewing，意思是"看待"；"I"，Inviting，寓意"邀请"；"C"，Creating，意思是"创造"；"E"，Eye，代表了"眼光"。

下面，我们就来具体说明：

1. S，即 Smile——微笑

在酒店日常的经营过程中，要给予客人真诚的微笑。因为微笑是最生动、最简洁、最直接的欢迎词，需要员工进行长期的自我训练和调节，最终形成职业式微笑。

一家酒店，一位台湾客人外出，一位朋友正好来找他，要求进他房间等候。由于客人事先没有留下话，总台服务员没有答应其要求。台湾客人回来很不高兴，跑到总台与服务员争执起来。

公关部王小姐闻讯赶来，刚要开口解释，客人就指着她的鼻子言词激烈地指责起来。王小姐心里很清楚，在这种情况下，作任何解释都是毫无意义的，反而会让客人更加冲动。她默默无言地看着客人，让他尽情地发泄，脸上始终保持一种友好的微笑。

等到客人平静下来，王小姐才心平气和地告诉他酒店的有关规定，并表示歉意。客人接受了王小姐的劝说。没想到，后来这位台湾客人离店前还专门找到王小姐辞行，激动地说："你的微笑征服了我，希望我下次来酒店时还能看见你的微笑。"

笑，一旦成为从事某种职业所必备的素养，就意味着不但要付出有实在意义的劳动，还要付出真实的情感。可是，微笑服务说起来容易做起来却难。

你想，谁能保证每天心情都愉快？谁能保证每天 8 小时始终状态都那么

好？但是，要想给客人留下好印象，一旦走上工作岗位，就要让新的一天从微笑开始，在微笑服务中倾注一份真诚的情感，让微笑感染、沟通客人的心灵。

2. E，即 Excellent——出色

要将每项微小的服务工作都做得很出色，为客人提供零缺陷服务。不管是什么工作，都要尽善尽美，让客人感到放心。

3. R，即 Ready——准备好

服务员要随时准备好为客人服务。只要客人的要求一提出，就要有所回应。

4. V，即 Viewing——看待

客人都是平等的，不能根据穿着来定其档次，要把每位客人看作是需要给予特殊照顾的贵宾。你平等地对待客人，客人才会对你产生好感。

5. I，即 Inviting——邀请

每一次服务结束时，都要邀请客人再次光临。

6. C，即 Creating——创造

要精心创造使客人能享受其热情服务的气氛，带给客人尊贵的感觉。

7. E，即 Eye——眼光

要用热情好客的眼光关注客人，预测客人的需求，并及时提供服务，使

客人时刻感受到服务员在关心自己。

酒店产品是一种整合产品，包括有形产品（酒店客房、设备设施等）和无形产品（酒店服务）两部分，是对酒店人、物、空间要素的整合。根据菲利普·科特勒营销管理的产品理念，可将酒店产品划分为五个层次，即核心利益、一般产品、期望产品、附加产品和潜在产品。

（1）核心利益。酒店核心利益是客人入住酒店最基本的利益，是无差别的客人真正所购买的服务和利益，即住宿或餐饮的需要得到满足。酒店产品是以满足客人需要为中心的，酒店的核心利益和价值是由客人决定的，而非由酒店自身决定，要想成功地吸引客人，必须认清客人所追求的核心利益。

（2）一般产品。酒店的一般产品是酒店提供产品的基本形式，是酒店核心利益所依托的部分，如酒店提供给客人的客房、客房物品、餐饮用品等。一般产品是酒店产品的实体性基础。

（3）期望产品。酒店的期望产品是在酒店一般产品基础上提供的属性和条件，比如，客人期望酒店服务员热情有礼貌、环境安静优雅、客房干净整洁等。期望产品是酒店产品必不可少的组成部分，直接影响着客人对酒店的评价，对产品策略意义重大。

（4）附加产品。酒店附加产品是酒店在核心利益之外追加的服务和利益，是酒店为了更好地满足客人特殊需要而增加的服务项目，比如，酒店提供的房内送餐服务、商务中心服务、洗衣服务等。

（5）潜在产品。所谓潜在产品指的是，酒店可能实现的新产品，有助于吸引消费者，代表了酒店的发展前景。如为带婴儿一起入住的客户提供婴儿车及婴儿用品。

酒店个性化服务 1234 法则

酒店个性化服务"1234 法则"具体内容如下：

1. 一个目标

要明确一个目标，酒店必须让全体员工真正明白为什么要提供个性化服务。假日集团创始人 Wilson 曾说："没有快乐的员工就没有快乐的客人。"

进入 21 世纪，这句话可以变更为：没有快乐的员工就没有快乐的客人，没有快乐的客人就没有快乐的员工！个性化服务更能让客人惊喜快乐。个性化服务对于酒店尤其是高星级酒店提高客人回头率、增强酒店竞争力等有着重要的意义。

2. 两项保障

这里的两项保障指的是，客人信息保障和员工能力保障，如表 5 - 2 所示。

表 5 - 2　客人信息保障和员工能力保障

保障	说明
客人信息保障	要想给客人提供个性化服务，必须让全体员工充分了解客人信息，心中有数，定制服务。酒店应发动全体员工利用各种机会通过各种渠道收集客人的各类信息，并运用先进的信息管理系统建立客史档案；同时，要通过早会等方式让员工了解那些即将来店的客人档案，预先布置，做到心中有数

续表

保障	说明
员工能力保障	酒店员工必须具备提供个性化服务的意识和能力。一方面，酒店应建立相对柔性化的组织机构和各种有效的激励机制，让员工自觉主动地为客人提供个性化服务；另一方面，酒店应加强员工个性化服务能力培养

3. "三特"机会

这里的"三特"指的是特殊要求、特殊情况、特殊的人。

（1）特殊要求。指的是客人主动提出来的超出正常服务范围外的特别要求。比如，客人想点一道菜单上没有的菜，或是让你帮他联系当地某知名企业家，这就是一个特殊要求。这时，酒店应不怕麻烦，在"不违背原则"和"条件允许"的前提下努力去满足客人的要求，如此，服务就多了一种能够赢得客人满意的魅力因素。

（2）特殊情况。指的是员工细心发现客人的一种隐形需求。比如，今天是某位客人所在国的国庆节、今天正好是某位客人的生日、就餐的客人不断流鼻涕（感冒了）……这些都是对客人提供个性化服务的好机会。

4月的一天下午，张先生到一家酒店指导工作。晚上，准备做企划方案的时候，他突然发现房间的办公桌上有一个包装精美的的礼物盒。打开盒子，里面是一包精制的烟丝，盒子上有张留言："吸烟有害健康，敬请适量！"旁边还放着一个老式打火机。第二天，张先生见到酒店总经理时，高兴地说："赵总，到了你们酒店，就到了家呀！"

原来，张先生有两大嗜好：喝咖啡醒神，吸烟以理思路。当天晚上用餐时，张先生没有随手携带烟袋锅吸烟，而是敲了敲烟锅，然后吸了一支纸烟，这是以往没有出现过的。共餐的赵总发现了这一不起眼的变化，于是安排客房部为张先生配了一包烟丝。

一包烟丝虽小，但蕴含的服务内涵却不平常。做好服务的根本就是："不经意处多留心，于细节处下功夫"，个性化服务唯细心是根本。

（3）特殊的人。指的是服务对象的特殊性，比如，酒店 VIP、儿童、生病和残疾客人等。其实，仔细观察，每一个人都是特殊的。问题在于，你图什么——是图省事，还是图客人的惊喜。

4. 四个误解

误解一：提供个性化服务会增加经营成本。

有些酒店认为，提供个性化服务需要雇用更多的员工，增加更多的开支，而且往往得不偿失。其实，虽然提供个性化服务确实可能会增加一些费用，但是这些费用更多地表现为情感投资，会给酒店带来意想不到的回报。

误解二：提供个性化服务就是要设立专门岗位、提供专门服务。

随着酒店金钥匙的不断发展，有些人认为，提供个性化服务就是设立诸如酒店金钥匙、私人管家等岗位，或是增加更多可以供客人选择的服务项目，甚至建立专门的机构负责、组建一批专门队伍为个人提供个性化服务。设立私人管家、酒店金钥匙的确属于提供个性化服务的一种方式，但并不意味着一定要为客人提供这样的服务项目。

误解三：提供个性化服务只是高星级酒店需要的。

无论是什么档次的酒店，都需要不断提高服务质量，个性化服务是酒店服务质量提高到一定程度后的必然要求。低星级酒店虽然受到设施设备、服务项目等方面限制，但服务质量也不能打折扣。

误解四：个性化服务只是针对某些客人提供。

有些人认为，个性化服务是专门为某些特殊客人提供的特别服务，如有身份、有地位、有名气、给酒店带来很大贡献的客人。存在这样想法的员工就无法一视同仁地为客人提供服务，厚此薄彼，会使受到不公正待遇的客人受到伤害，大大损害酒店形象。

酒店要为酒店的所有客人服务，而不能因客人的背景、地位、经济等差异而区别对待。由此可见，提供个性化服务不是针对某些客人，而是要为酒店的每位客人提供。

酒店客人的期望有哪些

服务期望是指客人心目中服务应达到和可能达到的水平。了解客人对服务的期望对有效的服务营销管理是至关重要的，因为服务的质量、客人对服务的满意程度是客人对服务实绩的感受与自己的期望进行比较的结果。

旅客对酒店服务的八大期望主要如下：

（1）准确订房。没有人喜欢"不确定"的感觉，订房组在电话铃响3～5声内一定要接听电话，并开放传真订房，且于24小时内一定回复。如果遇到紧急事件，则要在2小时内回复。同时，还要详细地确认客人所需协助的流程，在旅客入住之前把所有的资料送至柜台，让柜台服务员得以妥善接待客人。

（2）热情欢迎。热心、热忱与正确的积极态度，能让客人有"宾至如归"的感觉，因此，对初次造访的客人，服务员要亲自引导至房间，帮助客人认识环境，并进一步取得资料交付行销部门进行业务开发活动；而对第二次来访的客人，则要依熟悉程度或存盘资料来打招呼，并送至电梯入口处，让对方有归属感。

　　5 月的一天，秦淮人家中餐厅走进两位客人，他们一边用餐，一边闲聊着，服务员刘丽敏无意中听到，他们同行的一位客人生病了，说者无意，听者有心。经过询问后，服务员得知客人住 1015 房间，刘丽敏就征询客人同意后安排送餐人员将一些点心、一碗粥送到了房间，客人激动地向服务员道谢。

　　几天后，这位病情已好转的客人带了 20 多位客人来该餐厅就餐，在用餐过程中得知，其他人本想订其他酒店，而服务员上次的热心服务使他又选择了这里！

　　（3）客房清洁舒适。通常，大多数客人都来自外地，一间很清洁、很舒适的房间，可以帮助其消除长途旅行的疲惫。

　　（4）持续关注。人人都喜欢被关怀、受重视，但因为酒店业这个产业形态的特殊性，要做到持续性的辨识，需要运用计算机建立文件，把客人的喜好、兴趣、背景记录下来，给每个客人提供更舒适的服务。

　　（5）个人化的服务。为客人提供专属 check in 柜台、会议室、传真机、网络电脑、咖啡厅等，既可以为其提供完善的设施，又能够去除他人干扰的问题。如果客人需要机场巴士服务，甚至还可以在路程中为其办理。

　　（6）有效的沟通。公关部门要不定期地在电视及广播频道上发布活动或相关节目的信息，还可以运用旅客登记住宿卡和客人意见表做沟通渠道，遇问题则立即处理。

　　（7）特殊或专门的客用设施。商务中心要为客人提供翻译、秘书人才，帮忙印制名片，甚至协寻厂商。可以在客房装上两条电话线，既是外线电话，又能外接传真机或计算机的服务器。

　　（8）特别的餐厅和酒吧。将自助餐区进行冷、热食分区设置，可以让甜食、冷饮、沙拉、中西菜式的爱好者各取所需；还可以在餐厅设立计算机化咖啡机，全自动机械控制地提供现煮咖啡。

为了满足客人的期望值，我们需要从下面几方面做起：

（1）在产品的价值上超越客人期望。在产品的价值方面，怎样才能超出客人的期望值呢？价值总是与价格相关。实际上，价值的定义是：与价格相对应的产品或服务的质量。很多酒店都在拼命降价，以提高客人对价值的认可；一旦产品价值超越了客人的希望，他们自然会喜欢你的酒店。

（2）向客人提供更多的有用信息。通常，向客人提供更多、更好或更清晰的有用信息，也可以超出客人的期望值。比如，给客人提供经过整理的重要财经要闻、每周基金净值变化等，都是通过提供更多信息来超越客人期望的例子。

（3）提供及时的服务，不耽搁。提供快捷服务是超越客人期望值的重要表现。在服务速度方面，为了超出客人的期望值，就要提供及时的服务。研究表明，客人不喜欢等太长时间才能得到产品或服务。综观所有的行业，人们都需要及时得到别人的注意。即使人们在大餐馆悠闲用餐时，服务员仍应重视及时服务。

（4）给客人带来一切方便。通常，使用产品或服务比期望更为方便，也可以超出客人的期望。入住酒店了，客人每天仍有许多不便之处，如果能够为客人提供方便，也可以拥有非常强的竞争优势。

（5）适当送客人一些小礼品。向客人附送或出售他需要或喜欢的东西，也是一个超出客人期望值的好方法，比如，赠送附送品。免费附送品最好是那些感觉价值高且成本低的东西。

知其所好，才能投其所好

"投其所好"是一种攻心术，如果你的目的是光明磊落的、合乎情理的，那么"投其所好"就是一种不错的营销手段。

心理学研究表明，人的情感体验往往引导着自己的行动。所以，积极参与情感，往往能产生理解、合作的行为效果。只有让别人喜欢你，才能达到自己的目的；迎合别人的喜好，就能以最快的速度让别人喜欢你，这就是我们常说的"投其所好"。

概括起来，在客人与产品关系互动中，消费心理主要有求廉心理、偏好心理、品牌心理、款式心理、需求紧急心理、从众心理、攀比心理等。

（1）求廉心理——客人都喜欢物美价廉的服务。客人一般都喜欢追求价格低廉，即使是在一些发达国家，追求物美价廉也是一种较为普遍的心理。这时，质量、品牌等都被放在了次要的位置，唯有价格最有吸引力。因此，产品服务的价格定位必须有个合适的变动区间：定价过高，会让客人望而却步；定价过低，客人又会怀疑产品质量低劣。

准确的价格定位，能让客人感到物美价廉，又能让生产商有利可图。对于客人而言，心理价格是指客人主观上对一种商品给出的价格。比如，客人说"这东西，顶多值 100 元"，"那个东西，至少要 1000 元"，就是客人主观上对商品价值的判断。

（2）品牌心理——客人都喜欢知名品牌。这是一种以追求名牌、学名人为主的购物心理。有这种心理的人，一般都注重名牌所带来的声誉，希望

"借名增誉"。

客人对品牌产品的熟悉程度，影响着他们的购物行为。在货架上，一般都会先注意到自己熟悉的品牌产品，然后再决定是否购买。假如时间紧迫，这一因素对客人的影响会变得非常明显。

（3）质量心理——客人都不喜欢质量差的服务。这是一般客人最基本、最普通的心理活动。人们在购买某种商品或服务时，普遍偏重商品的质量和实际效用，讲究耐用、方便、经济、实惠。

（4）消费需求的紧急心理——时间紧急，就会当即决定。这也是一种正常的消费心理，当人们对某些产品或服务的需求非常紧急时，便没有时间去仔细辨别产品的价格、质量，就会依靠产品的品牌知名度与美誉度进行购买。

（5）客人的偏好心理——每个客人都有自己的偏好。在营销对象中，有些客人会受到自身的兴趣爱好、生活环境、职业特点、文化素养等因素影响，存在一种明显的需求欲望和消费偏好。

张先生是业内专家，2014 年 7 月入住某酒店。进房之后，服务员小王按照惯例为客人上了一杯橙汁。结果，整理房间时小王发现，橙汁一滴未动，另一个茶杯里还残余着一点咖啡。仔细一看，房间配送的两袋咖啡已经用完。

之后，小王与客房中心联系，在最短时间为客人配上了一瓶质量上乘的的 NESTLE 咖啡。并在房间里配了咖啡杯、方糖及小勺子，并细心地给客人留了言。

张先生回来后，看到了留言条及配备的咖啡非常高兴。

（6）从众心理——人们都喜欢一窝蜂。其实，就是人们常说的"随大流"心理。这类客人在购买商品时容易受周围人的影响，别人买什么自己就跟着买什么，喜欢跟着大家的思路走。

（7）攀比心理——很多人都爱与人攀比。在现实生活中，人们都有这样的心理倾向，即被大多数人接受的事物，个人基本上也乐意接受。

（8）另辟蹊径的求异心理——人们都喜欢猎奇。为了得到自身的满足，有些人喜欢更时兴、更完善、花样多的产品。有了这种心理状态，在满足了一时的审美心理需要后，必然会产生新的需要，渴望消费再有所创新。

当然，在现实生活中，人们的购买心理千差万别，远不止以上几种心理。酒店必须熟悉客人的心理，运用各种营销策略和手段去"投其所好"。那么，如何对客人投其所好？

（1）发现对方的闪光点。优秀的酒店一般都会让员工学会赞美别人，会抓住对方身上最耀眼的闪光点。

给予他人的赞美，很多都是一些不疼不痒的话，但效果非常有限。比如，面对一个事业有成的男人，如果赞美他有能力、有才干、有魄力，他顶多就是礼貌地笑笑。因为他对这样的赞美早就习以为常，不会产生特别的感觉。而会说话的酒店服务员则能独具慧眼，发现对方身上不易被发现的闪光点，并加以赞美，收到奇效。

（2）寻找客人的兴趣点。所谓兴趣点，就是指对方关注的或熟悉的事物。在酒店服务过程中，当发现无法与客人建立顺畅的沟通、不能顺利步入产品介绍步骤时，就要及时调整策略，瞄准客人感兴趣的事物，以此作为沟通的切入点，顺利打开客人的心扉。

服务本质永远不会变

服务的本质到底是什么？

专家说：服务是满足客人需要的一系列特征的总和。

管理人员说：服务是由一些项目组成的酒店产品。

一线员工说：服务就是工作。

客人说：服务是一种能够体现自我价值的享受。

笔者要说的是，服务是硬件、软件和心件的统一体，不可储存。

服务没有折旧。服务作为一种产品，不会随着时间的推移和使用率的增加而失去原来的性能。服务的生产与消费是同步的，只会在服务过程中体现出来，离开这个过程，服务就消失了。所以，从这种意义上说，服务是一次性的。

服务需要客人导向。好的服务必然是以客人的满意为标准的，要知道，客人的消费需求和消费行为永远是正确的。

服务具有依赖性。服务是一个服务主体与服务客体互动的过程，服务质量的最终形成不仅在于服务员，还依赖于服务对象即客人的参与程度。这种依赖性，体现在两方面：一方面，体现在客人的差异性上，不同客人在服务的需求上存在着差异，服务要根据不同情况区别对待；另一方面，体现在即使是同一个客人，在不同时段对服务的要求也会有所差异。比如，当客人心情舒畅、春风得意时，对服务就不会很挑剔，提出的要求也很容易配合；如果客人感到不愉快，对服务的要求就会更高，服务员稍有不慎，就可能引起客人的极大不满，成为客人发泄的导火索。

晚上十点，一位客人走到礼宾台，询问哪里有别克汽车专修店。这下可把工作人员小李问住了，可是她想：我要尽最大努力去帮助客人。

"先生，请您稍等一下，我帮您打电话问一下。"小张打 114 查询，无果。然后，又抱着试试看的态度，打到别克车专卖店，打了很多遍，就是没有人接听，站在一边等待的客人有些生气："你们到底能不能问到，什么服务嘛！"

小张先是客气地向对方道歉，后询问别克的维修地址。客人听后扭头便走，可细心的小张忙追上客人说："先生，这是专修店的地址路线和电话，如果有什么事，你可以打电话问一下。"客人不好意思地笑了说："谢谢，刚才我太急了，态度不好，请不要介意！"小张笑说："没关系……"

服务的本质永远都不会变，因此，若要提高服务质量，完全可以从下面几点做起：

1. 明确"关注客人"的主要因素

"关注客人"的主要因素，是为客人提供优质服务的必要项目，因此，一定要加强一线员工的指导与培训。

一线员工的行为对客人的感受影响非常大，他们在客人心中留下的印象也是非常深刻的。因此，对一线员工的培训，不仅要对员工的外表，提供服务时的态度、行为、语言和效率进行指导，还要努力提高员工和客人的沟通技巧以及处理应急情况的能力，因为对客人来说，员工就是酒店、员工就是酒店的品牌！

2. 管理客人的期望值，指导客人享受服务

具体工作为：

对客人资料进行分类优化整理，实施"精细化"的人性服务。

客人初在酒店消费时，服务员要教会客人服务设施知识，指导客人享受服务，提高客人让渡（附加）价值。

在客人生日时，发送别致的生日贺卡、赠送生日蛋糕等。

根据不同客人的爱好，派送各种音乐会或酒会的贵宾票等。

这种"精细化"人性的服务，会让客人感觉到"尊贵、优越、独享、贴身、个性化"的品牌服务，潜移默化地提升品牌忠诚度。

3. 建立"关注客人"文化

要为客人提供优质服务，酒店的所有员工（包括酒店的高层领导）必须先树立服务观念。酒店应当将这种观念升华构建成一种真正的酒店文化。

客人的购买过程是一个在消费过程中寻求尊重的过程，客人与员工对酒店经营活动的参与程度很大程度上影响着客人满意度。高素质的、充满活力和竞争力的员工队伍，比好的硬件设施更能创造客人满意度。

一定要记住，只有对客人信任和尊重，以"可靠的关怀"和"贴心的帮助"，才能真正赢得客人。

4. 建立服务的落实体系，积极应对客人投诉

客人投诉是加强客人品牌忠诚度的一次契机。在客人选择酒店的时代，客人对酒店的态度决定着酒店的兴衰成败。酒店管理者要亲自参与客人服务，并处理客人的抱怨信或抱怨电话。

一定要记住，开发一个新客人的成本是留住一个老客人的 5 倍，而流失一个老客人的损失只有争取 10 个新客人才能弥补。

第六章

S3：服务表现：实现酒店品质能力

服务的深度、广度和持久性

酒店个性化服务在很大程度上能够提高客人的满意度和忠诚度，从这点上讲，开展个性化服务对于应对激烈的市场环境、提升酒店竞争力有着不可低估的作用。但就目前来说，酒店行业内开展的个性化服务的同质化程度比较高，在深度和广度上还没有真正形成一种有效机制。

看到其他酒店给客人提供了什么服务，我们就提供什么样的服务，没有特色。建立相应的机制，提高管理能力是今后开展个性化服务的根本所在！

客人的需求共包括两方面：一是显性的客人需求，即客人到店后比较明确的要求。二是客人的隐性需求，即潜在的客人要求，这种需求只有通过了解和识别，才能为客人提供相应的个性服务。

小张虽然刚进酒店工作不久，但其工作细致认真，服务热情周到。

一天上午，小张在2楼打扫卫生，在走廊遇到了3位男士。小张主动上前打招呼，得知客人想订包间，便主动向客人介绍了2楼新装修的3个包间，但客人却说，这些已经看过了，想看看其他包间。于是，小张便又向客人介绍了 3 楼包间。

了解到客人是济源人，就主动推荐到了济水厅……由于小张对包间的知识掌握得很好，介绍详细，服务热情，主动引领客人服务到位，给客人留下了很深的印象。

开展个性化服务是现代酒店提倡的一种服务方式，但是要想让酒店个性化服务永葆青春活力，却不是件容易的事。只有及时地将客人需求识别为客人的共性需求，并加以规范，更新到员工作业指导书中，再通过开展培训、实践，使其成为一种规范化服务流程，才能实现个性化服务共性需求制度约定。运用这一循环模式，才能提高酒店服务的持久性。

金钥匙服务有三个核心理念："先利人，后利己"、"用心极致满意加惊喜"以及"在客人的惊喜中找到富有的人生"。其中，让员工在客人的惊喜中找到人生是激发员工开展个性化服务的切入点和突破点。

（1）对经典案例进行收集和展示，点面有效结合。为了促进酒店服务质量的稳定和提升，可以在每月定期收集一些来自一线员工的优秀案例；之后，组织酒店各个层面人员的案例分析，通过分析起到以点带面的效果，形成酒店各环节个性化服务的全面开花。

（2）充分利用各种宣传平台，增强品牌员工的荣誉感。我们完全可以利用宣传平台，提高员工荣誉感。

某酒店客房部，楼层员工小曹多次赢得了客人的充分肯定和高度赞誉，在惊喜和感动之余，多位客人除了送表扬信外还送给她纪念品，以示感激之情。对此，部门推荐小曹为酒店明星员工，并在酒店内刊上刊登她的优秀案例。

其实，除了案例中提到的，对于各部门涌现出来的品牌员工，还可以将优秀案例通过工作场景的再现刻录成光盘，在培训课上播放，影响和激发更多的员工参与个性化服务工作中来。同时，还可以定期组织优秀员工代表外出参观学习，扩展视野，增强其对酒店的忠诚度。

那么，如何才能提高服务的广度和深度呢？

1. 对待工作要认真负责

酒店要急客人所急，想客人之所想，认真地为客人办好每件事。无论事情大小，都要给客人一个圆满的结果或答复，即使客人提出的服务不在自己岗位的职责范围内，也要主动与有关部门联系，切实解决客人的疑难问题，把解决客人之需当作工作中最重要的事，按客人要求认真办好。

2. 为客人服务要积极主动

要掌握服务工作的规律，自觉把服务工作做在客人提出要求前，主动"自找麻烦"、力求客人完全满意，做到处处主动、事事想深、助人为乐、时时处处为客人提供方便。

3. 对客人多一些热情耐心

要待客人如亲人，初见如故，面带笑容，态度和蔼，语言亲切，热情诚恳。在繁杂的客人面前，不管工作多忙、压力多大，都不要急躁、不厌烦，镇静自如地对待客人。如果客人有意见，要虚心听取；如果客人有情绪，要尽量解释；绝不与客人争吵，一旦发生了矛盾，就要严于律己，恭敬谦让。

4. 为客人提供细致周到的服务

要观察和分析客人的心理特点，从客人的神情、举止发现客人的需要，正确把握服务的时机。要将服务实施在客人开口之前，效果要超乎客人的期望，将服务工作做得完善妥当、体贴入微、面面俱到。

5. 讲文明，有礼貌

要有较高的文化修养，语言健康，谈吐文雅，衣冠整洁，举止端庄，待人接物不卑不亢，尊重不同国家、不同民族的风俗习惯、宗教信仰和忌讳，时时处处表现出良好的精神风貌。

影响客户满意度的因素

概括起来，影响客人满意度的因素主要有这样几个：

1. 良好的礼仪礼貌

礼仪礼貌是以一定的形式向对方表示尊重、谦逊、友好等态度的一种方式，如文雅的语言谈吐、得体的行为举止。

注重礼仪、礼貌，是酒店服务工作最重要的职业基本功之一，体现了酒店对客人的基本态度，也反映了酒店从业人员的文化修养和素质。礼仪、礼貌在外表上，就是要衣冠整洁，讲究仪表仪容，注意服饰发型清爽利落，精神焕发，在形象上要给人以庄重、大方、美观、和谐的感受。

2. 良好的服务态度

服务态度就是指，服务者为被服务者服务过程中，在言行举止方面所表现出来的一种神态。通常，被服务者都有两种需求：一是物质需求，二是精神需求。服务态度的作用是能满足被服务者的精神需求或心理需求，使其不但拿到满意的"产品"，而且还要心情舒畅、满意。服务态度包括：热情、诚恳、礼貌、尊重、亲切、友好、谅解、安慰等。

一天早上，某酒店餐饮部的预订员孟小姐刚刚上班就接到了某大公司总经理秘书赵先生打来的预订电话，对方在详细询问了餐厅面积、餐位、菜肴风格、设备设施、服务项目等情况后，提出预订一个三天后 200 人规模的高档庆典宴会。孟小姐热情地向客人介绍了餐厅的具体情况后，双方查看场地，并约好下午签订合同。

此后，孟小姐又接了几个预订电话，都是小宴会厅的中低档预订，孟小姐对待他们的态度显然没有那么热情了，接电话也不那么及时了。

一位山西口音的李先生，要求预订当地淮扬风味的 8 人家庭宴会，标准为每人 100 元，孟小姐不耐烦地告诉他，预订已满，请他到其他酒店预订。

下午，孟小姐一心等赵先生的到来，没想到却等到一个回复电话。"对不起，孟小姐，我要取消上午的预订，我们李总不希望在你们酒店举办宴会了。"

"为什么？是不是需要我亲自到你们公司去一趟。"孟小姐急忙问。

"不必了，我们李总今天在你们酒店打电话预订了 8 人宴会没有成功，他对贵酒店没有信心，他说连 8 人的家庭宴会都接待不了，还谈什么 200 人的大型宴会。"赵先生含着歉意解释着。

3. 丰富的服务知识

酒店服务知识涉及很多方面，主要有语言知识、社交知识、旅游知识、法律知识、心理学知识、服务技术知识、民俗学知识、管理经营知识、生活常识等；只有具备了较为丰富的服务知识，服务员才能很好地回答客人的各种问题，从而提供优质的服务。

（1）熟悉酒店的行政隶属、发展简史、主要大事记、星级及现在的经营特色。

（2）熟悉酒店附近几个主要车站的站名，有哪些车经过，主要通往市内何处，经过哪些主要地方。知道酒店距火车站、飞机场、码头的距离及交通方法。

（3）熟悉酒店内各营业场所的分布及主要功能。

（4）熟悉酒店内服务设施的状况、服务项目的特色、营业场所的位置、营业时间和联系电话。

（5）熟悉酒店总经理、副总经理和其他高层管理人员的姓名。

（6）熟悉酒店各部门的主要职能、工作范围、经理姓名、办公室位置、电话、有哪些主要下属部门及各下属部门的主要工作。

（7）熟悉酒店的酒店理念、质量方针，并理解其含义。

（8）熟悉酒店的店旗、店徽。

（9）了解本岗位工作的有关规定、标准、要求。

对所使用的工具、机械，要做到"三知"、"三会"，即知原理、知性能、知用途，会使用、会简单维修、会日常保养。对工作中使用的各类用品、原料，要熟悉其性能、规格、用途和使用的注意事项。

酒店竞争各要素之间是相互联系、相互依存的，很难单独形成一种竞争优势，必须在酒店内部与酒店文化管理系统进行有机整合，并与酒店文化融为一体，只有这样，才能形成酒店独特的核心竞争力。

为了提高客人的满意度，酒店要在下面几方面下功夫：

（1）记住客人的姓名。记住客人的姓名并以客人的姓氏去适当称呼客人，可以创造一种融洽的客人关系。对客人来说，当服务员认出他时，他会感到自豪。

（2）用恰当的词语与之交谈。用恰当的词语与客人搭话、交谈、服务、道别，可以使客人感到与服务员的关系不仅是简单的商品买卖关系，更是有人情味的服务与被服务的关系。

（3）把握好语调、声音。语气、语调、声音是讲话内容的"弦外之音"，往往比说话的内容更重要。客人可以从这些方面判断出你说的内容背后的东西，是欢迎，还是厌烦，是尊重，还是无礼。

（4）注意自己的面部表情。面部表情是服务员内心情感的流露，即使不用语言说出来，表情仍然会告诉客人，你的服务态度是怎样的。

（5）多和客人进行目光接触。眼睛是心灵的窗户，当你的目光与客人不期而遇时，不要回避，也不要死盯着客人，要通过适当的接触向客人表明你服务的诚意。当客人同服务员讲话时，服务员要暂停手中工作，眼睛看着客人，立即予以回应。

（6）保持好的站立姿势。酒店要求一律站立服务，站立的姿势可以反映出对客人是苛刻、厌烦、淡漠，还是关心、专注、欢迎等态度，应时刻保持良好的站立姿势。如果因工作需要而坐着，见到客人后也要立即起立，千万不要背对着客人，更不能将双手插在衣袋或裤袋内；更不能倚靠门、墙或桌椅等。

一个酒店要有自己的特色，必须要有独具特色的酒店文化和精神底蕴。因为健康、优秀的酒店文化，是酒店竞争力形成不可或缺的关键因素！

提升客户满意度的办法

客人满意度是测量客人满意水平的量化指标。"满意"是一个人通过对一种产品的可感知的效果或结果与其期望值相比较后，所形成的一种失望或愉悦的感觉状态。

"满意水平"是可感知效果和期望值之间的差异函数。如果可感知效果低于期望，客人就会不满意；如果可感知效果与期望匹配，客人就会满意；如果可感知效果超过期望，客人就会高度满意或欣喜。

客人满意是客人忠诚的前提，客人满意是对某一产品、某项服务的肯定评价，如果某一次的产品和服务不完善，他对该酒店也就不满意了。如果客人对产品和服务感到满意，他们会将消费感受通过口碑传播给其他客人，扩大产品的知名度，提高酒店的形象。

追求客人满意度的基本思想是酒店在整体经营活动中要以客人的满意度为标准，把客人的需求作为酒店开发产品的源头，在产品功能及价格设定、分销促销环节的建立及完善售后服务系统等方面都要以便利客人为原则，最大限度地满足客人的希望和要求。

1. 奉行"服务至上，客人始终没有错"的理念

"一诺千金"对于酒店来说是责任，对于客人来说是价值。多次的"一诺千金"有助于培养客人的信任，一次失约则会导致客人背离。

市场竞争不仅要靠名牌产品，还要靠名牌服务，比如，提供超出客人愿

望、高于竞争对手或竞争对手做不到、不愿做、没想到的超值承诺，并及时兑现承诺，并根据客人要求的变化不断推出新的承诺，让客人只有享乐没有烦恼，追求"人无我有，人有我优"的客人价值。

2. 积极打造声誉，培育忠诚的客户群

酒店最长远的资本是声誉，酒店竞争经历了价格、质量、服务、形象竞争已发展到声誉竞争阶段。

声誉不仅是酒店信誉中最基本的产品质量和售后服务，还包括酒店对诺言的履行，对重大社会问题的关注，对生态环境保护与建设的行为，对社会公益事业的参与，对酒店员工的关心等。注重声誉的塑造，可以巩固老客人，吸引新客人。

北京新世纪日航酒店是一家中外合资的五星级豪华酒店，还是日航国际酒店的成员之一。该酒店拥有 712 间（套）豪华舒适的客房、风格典雅的餐厅、富丽堂皇的宴会厅、设施完善的健身娱乐中心，以及免费客房宽带上网，更拥有待客如亲人的悉心服务。酒店有 4 个风格各异、优雅舒适的餐厅和酒吧。

宴会厅办公室有两份资料，一份是客人满意度调查本，另一份是客人联系本。经理每日都会根据客人反映在客人满意度调查本上如实填上客人的真实意见并且附带上客人的联系方式；然后，总结找出更合理更人性化的方针策略，让客人更好地在酒店享受服务，提升酒店形象。

无论是在会议室，还是在大型宴会场合，从上层管理阶层到酒店服务员都会充分做好准备，以"客人至上"的服务理念为客人服务，让在酒店参加会议或宴会的客人们享受到客人至上的感觉，从而更加信任酒店，提高酒店的入住率。

3. 为客人创造惊喜

客人满意与客人惊喜都是客人情感的范畴，但惊喜比满意具有更强烈的情感。

客人之所以达到满意是因为，产品与服务能够达到或超过客人的期望，而要达到客人惊喜，则需要产品与服务本身就在客人的期望之外，如附加赠品、某些免费服务、定期回访、节假日赠送贺卡等，都会给客人带来惊喜，继而设法回报酒店，成为忠诚客人。

客人惊喜来源于客人的需求，酒店应通过广泛收集信息，了解客人的需求，才能给客人创造惊喜。

4. 及时妥善地处理客人的抱怨

客人与酒店的矛盾与纠纷是不可避免的，挽回不满意的客人，对酒店来说相当重要。据国外调查，如果酒店能妥善处理客人提出的投诉，可能有70%的客人会成为回头客。如果能当场听取客人投诉，并给他们一个满意的答复，回头客会上升到95%。而且，每一个满意而归的客人又会把你的做法告诉其他5个人，这样酒店就可以坐享免费广告的收益了。

营销界有句名言"满意的客人是最好的广告"，只有将批评与抱怨当作酒店宝贵的财富，才能更好地改进酒店的工作，让客人满意。提高客人满意度是各酒店的基本要求和目标，是培植忠诚客人的一大法宝。要想提高客人满意度，就要对客人满意度因素予以全面关注。

（1）用亲切的态度及时对客人的问题做出回应。购物的时候，你是喜欢亲切的店主，还是凶巴巴的或者冷若冰霜的店主？有时，在淘宝买东西，看到某家店主旺旺在线，跟他说话，半天没回应，你还会一直守在那儿等他吗？

要想提升客人的满意度，就要及时对客人做出回应；同时，态度要亲切。

（2）对客人多一些真诚的赞美。对客人要适时赞美，不能不看时机，不能敷衍。每个客人都有优点，一定有值得欣赏可以赞美的地方。比如，某个客人的来信非常有条理，你可以在回信时加上"很高兴收到您的来信，您是我们所碰到的客人中最有条理的一位，非常感谢您让我们的工作更加简便顺利"。

（3）降低期望值，也就增加了满意度。举个例子，如果出售的钱包里面有些细小的划痕，就要把划痕着重拍出来，或者特别注明，让客人事先就明白地知道这些问题，可以接受就买，不接受就不买。事实上，如果划痕不严重，大多数客人也都无所谓。若抱着侥幸的心理，觉得这点小问题客人应该不会说什么，潜在的危机就会出现。

每个客人的期望值是不同的，在服务相同的前提下，满意度跟期望值是成反比的。如果客人正好对酒店提供的服务期望值很高，酒店却没有提到不好的东西，对方发现问题的时候，就会不悦。

个性化时代需要量贩定制

酒店服务标准化与个性化既相互区别又相互依赖、相互转化：服务的个性化是服务的后标准化的必要准备，服务的后标准化则巩固了个性化服务中取得的成果，并为新的个性化服务开拓道路。

要达到服务个性化的要求，要有很好的标准化服务作为前提和基础。个性化服务必须以标准化服务为前提和依托，前者源于后者，同时高于后者。没有规范服务的基础而奢谈个性服务，无疑是缘木求鱼；只停留和满足于规范服务，不向个性服务发展，酒店的管理和质量也就无法上台阶。

个性服务和标准服务，对不同级别的酒店的要求也是不一样的。一般来说，高星级酒店注重规范服务，打好基础，然后在这个基础上进行个性服务；精品酒店则侧重于强调个性服务，努力做到优质、高效，提高酒店服务质量，从而增强产品的竞争力。

一天，某酒店住进了一位来自澳大利亚的客人，外出时把一件掉了纽扣的衣服放在房里，他晚上回来时发现纽扣已被钉好，衣服整齐地摆在那里。

原来，值班服务员整理房间时发现客人的衬衣少了一颗纽扣，便在没有任何监督和要求下主动取来针和线，选了一颗相同的纽扣钉上了。

客人非常感动，说："我这个纽扣丢失已久，没想到住进贵店的第二天，服务员小姐便主动钉上了，你们的服务真是无微不至啊！"

由此可以看出，服务员细微主动的个性服务，对于客人而言是多么周到。其很好地满足了客人的需求，使酒店得到了好评。这个案例不仅告诉我们，酒店满足了客人社会性需求的种种好处，同时也说明了个性服务是不可或缺的主导产品。

酒店个性服务是一个对酒店有巨大利益的项目，每个酒店都应该有自己的个性化服务。随着人们生活水平的提高、消费群体的年轻化以及对产品时尚的强烈追求，现有规模化生产方式已无法满足更高层次的消费需求，个性化定制在这种形势下应运而生。

这种新型的、独特的设计定制服务模式，可以满足客人更为多元的个性化需求。对于一些建立在标准化基础上的、比较成熟的个性服务，可以逐步建立适应个性服务要求的规范，即个性服务的后标准化。

酒店在接待客人时，要实行个人跟踪服务，留心将客人的爱好、饮食习惯、消费特点、生活习性、嗜好都记录下来，整理成客人的个人材料档案，当客人再次入住时就可以给予特别关照。

管理人员在日常工作中应加强现场管理，从一线服务中发现"个性"的典型事例，待积累到一定程度，组织各岗位的管理人员进行整理归纳，分门别类形成文字。其个性服务就能名副其实地实现人人都有个性档案、人人可以心满意足的个性服务。

之后，再将整理归纳后的典型事例，组织推广应用到一线工作中去。根据各岗位工作程序和要求的不同，在实践中不断增加、修改、完善，形成系统化规范化的材料，以此作为衡量和考评服务质量的一个标准。

当然，除了上面的几点，酒店还可以为客人提供以下个性化服务：

1. 前厅提供服务，应对特殊天气

在酒店大厅醒目位置，要不间断地播放机场、高速公路的开放及关闭情况，以及市内交通管制措施等；客人在退房时，要及时提醒客人天气状况可能对客人出行的影响；通过短信或电话及时通知预抵客人酒店所在地的天气状况，提醒客人做好应对措施；如果不能成行，建议客人及时取消预订；根据不同天气状况做好应对措施，如防滑、租借物品等服务；做好客人因天气变化而交办的事宜。

2. 在前厅设置一个百宝箱

在百宝箱内存放的要有常见的药品、办公用品、女士用品、服务用品等。比如药品，要常备速效救心丸、风油精、创可贴等，一旦遇到客人心脏病突发、蚊虫叮咬、手指划破等情况，可及时提供相应帮助。不同酒店客源不同、气候条件不同，对常用药品的需求也不尽相同，前厅部可根据情况确定药品种类。

3. 为早离店的客人打包早餐

早上，在客人离店之前不提供早餐，是酒店服务不到位的表现，主动提供该服务是留住客人的一项重要举措，因为早餐对于早起的客人特别重要。因此，酒店前厅要根据酒店以往离店情况，主动提供该服务。

定期调查，把握客户期望

客人就是上帝，在竞争日益激烈的市场和社会，客人对于每个酒店和商家来说都是必争之地，如果客人对你的产品不满意，即使给再多的好处，客人也不可能亏钱买你的账，毕竟都是涉及个人利益的交易，只有酒店服务真正具有竞争力，让客人看到其中有利可图，而且未来也具备足够的上升空间，客人才会毫不犹豫地选择你的酒店。

对于酒店来说，及时了解客人对服务的期望，完全能够促进竞争力的提升；通过客人满意度调研表，就能够定期了解客人对酒店服务的建议与意见。

客人满意度调研表能够让酒店保持对客人的持续关注，同时还间接地对市场进行了跟踪。客人满意度调研表中的信息，不仅能够反馈客人对服务的具体满意的地方和需要改进的方面，还可以看到客人对服务的期望，能够给酒店提供一个大致的改进方向。

如果想对客人的需求多一些了解，就要进行定期的调查，具体方法如下：

1. 设立投诉与建议系统

以客人为中心的酒店，为了方便客人传递他们的建议和投诉，会设立一个投诉与建议系统。比如，为了鼓励客人提供建议，很多酒店都为客人提供表格；有些酒店还会在过道上设置建议箱，为客人提供意见卡。

为了最大程度地方便客人咨询、建议或者投诉，一些酒店，像宝洁酒店、松下酒店、夏普酒店等甚至还设置了一种称为"客人热线"的免费电话。有了这些信息流，酒店就可以更迅速地解决问题了，同时还为酒店提供了很多开发新产品的创意，如 3M 酒店的产品改进主意中有 2/3 来自客人。

2. 进行客人满意度量表调查

作为一个酒店，不要以为建立了投诉与建议系统，就能全面了解客人的满意和不满意。调查表明，当客人对劣质服务不满意时，会做出如下反应：70% 的客人，会改投其他酒店；39% 的人，认为投诉太麻烦；24% 的人，会告诉其他人不要到提供劣质服务的酒店入住；17% 的人，将对劣质服务写信投诉；9% 的人，会因为劣质服务责备酒店服务人员。

这就告诉我们，并不是所有不满意的客人都会投诉，因此，酒店不能用投诉程度来衡量客人满意程度，应该通过周期性开展调查，获得有关客人满意的直接衡量指标。

酒店可以通过电话或者信件等方式向客人询问他们的满意度。在这些询问客人满意度的测试中，调查问卷或测试量表可以从两方面进行设计：一是列出所有可能影响客人满意的因素，然后按照重要程度由最重要到最不重要排列，选出酒店最关心的几个因素，让受访者帮助判断这些因素的重要程度；二是就所要评价的重要因素让受访者做出评价，以五项量表为等级，如高度满意、一般满意、无意见、有些不满意、极不满意。这是发现客人满意与不满意的主要方法，利用这些信息，酒店就可以改进下一阶段的工作了。

3. 佯装购物也不错

所谓佯装购物就是，雇用一些人员装作潜在客人，报告他们在入住酒店过程中所发现的优点和缺陷，这也是一种调查的好方法。

美国肯德基国际公司对于遍布全球60多个国家、总数9900多个分店的管理，是通过"神秘客人"的方式进行的。其雇用、培训了一批人，让他们佯装客人、秘密潜入店内进行检查评分。这些"神秘客人"来无影、去无踪，没有时间规律，使得快餐店的经理、雇员时时感受到压力，丝毫不敢疏忽怠慢，从而有效提高了员工的责任心和服务质量。

4. 对失去的客人进行有效分析

酒店应当接触停止入住或转向其他酒店的客人，了解为什么会发生这种情况。进行"退出调查"和控制"客人损失率"是十分重要的。因为客人损失率上升，就表明酒店在使客人满意方面不尽人意。

IBM酒店每当失去一个客人时，就会竭尽全力地探讨分析失败的原因：是价格太高，服务有缺陷，还是产品不可靠等。

5. 其他方法

目前通常采用的方法主要包括三种：

（1）积极进行问卷调查。这是一种最常用的客人满意度数据收集方式。问卷中包含很多问题，需要客人根据预设的表格选择该问题的相应答案。客人要从自身利益出发来评估酒店的服务质量、服务工作和满意水平。同时，客人还能以开放的方式回答问题，酒店可以更详细地掌握他们的想法。

（2）多收集一些二手资料。二手资料一般都是通过公开发行刊物、网络、调查公司等获得的，在资料的详细程度和资料的有用程度方面可能存在缺陷，但是其依然可以作为深度调查前的一种重要参考。特别是进行问卷设计的时候，二手资料能为酒店提供行业的大致轮廓，有助于设计人员对拟调查问题的把握。

（3）进行一些访谈研究。主要包括内部访谈、深度访谈和焦点访谈。

内部访谈，是对二手资料的确认和对二手资料的重要补充。通过内部访谈，可以了解酒店经营者对所要进行的项目的大致想法，还可以及时发现酒店问题。

深度访谈，可以有效弥补问卷调查存在的不足。

焦点访谈，可以更周全地设计问卷、配合深度访谈，可以采用焦点访谈的方式获取信息。

情感是联结客户的纽带

在经济飞速发展的今天，人们不仅需要物质上的满足，更需要精神上的慰藉。虽然酒店业很早就意识到了"客人至上"的重要性，在客人关系处理上有着优质的思想理念和做法，但是从现代管理理论角度来看，酒店业在客户关系管理上还有很多缺陷和落后之处。

在市场竞争日益激烈和技术更新的大环境下，酒店业只有深入学习和实践客户关系管理，才能从酒店的供应链重点入手，针对酒店的市场战略定位，针对客户需求提供相对应的服务，赢得客户，保住自己的老客户，逐步发展新客户，保持酒店业的竞争优势，牢牢地掌握住关系客户，为酒店带来巨大的可持续性利润。

酒店业的经营服务和产品相似度较高，因此，一定要关注客人的保持，如此才能培育有价值客户的忠诚，避免客人转向竞争对手，造成大量流失。客人忠诚是客户关系管理理论的重要组成部分，也是酒店业在实施现代客户关系管理中必须面对的现实问题。

情感是联结客人的纽带，酒店业要根据客人的特点有针对性地提供增值服务项目；而且，这种提供应该不断扩大，在时间上要有持续性。

由于工作的关系，张女士经常入住酒店，是某酒店的常客。8月初，张女士再次来酒店入住，服务员小张为其打扫房间时，发现张女士一直躺在床上，电视也没开，好像很不舒服的样子，便热心地询问她哪里不舒服。

张女士说，她有点头晕，大概是昨晚工作太晚，有点疲劳，休息一会儿就会好的。小张安慰了张女士后，迅速与主管说明了此事，并联系餐厅为张女士送了一杯咖啡和一个香薰袋，并在卡片上写道："亲爱的张女士，您工作辛苦了，希望这杯咖啡能让您精神百倍地工作，这个小香袋可以让您的睡眠更香甜！"

服务的机会在于发现！大量事实告诉我们，成功就是，别人没发现的事情，你发现了；别人没做的事情，你先做了。只有从"增值服务项目"入手，才能使客人信任酒店，直至成为酒店的忠诚客人。

目前，很多酒店业只是给特定客人进行价格优惠、产品项目享受等服务项目的简单提供，采用了相似的客人忠诚管理服务手段，客人往往手中同时拥有几张"酒店卡"，没有成为酒店真正的忠诚客人。

在酒店向客人提供"增值服务项目"时，一定要进行市场同行竞争者调查，更关键的是要根据客人的数据资料，研究分析客人的信息，在真正了解客人需求的前提下，为其提供真正"物超所值"的服务项目，让客人觉得你所提供的服务正是为他所特别安排的、为他精心设计的。

给客人提供的"服务"核心不一定要用雄厚的金钱才能获得，只要一次特别的"体验"经历即可。一定要记住，客人管理得好，就会忠诚于酒店，为酒店带来更大的价值，酒店就拥有更多的机会成为同行的领头羊；客人管理得不好，则会给酒店造成损失，甚至让酒店在竞争激烈的市场中蒸发。

那么，酒店该通过什么样的优质服务赢得广大客人的信赖与满意呢？

1. 从情感上感动客人

要想让客人感动，并不用刻意去巴结客人或讨好客人，只要站在客人的角度上真诚地为客人服务就可以了。感动客人，不一定要花很多钱，也不一定要给客人提供很多优惠或赠送很多礼品。

2. 提供量身定做的服务

现在很多酒店都有一个误区，即客人是上帝，上帝永远是对的！当上帝提出要求时，酒店就会小心翼翼地伺候着上帝，唯唯诺诺服从，对一些不适合客人的东西也不敢提出合理的建议。是的，客人就是上帝，上帝的要求我们要尽量去满足，但是在上帝面前还需要一些"说实话的忠臣"。

酒店服务营销思维

酒店作为一种服务型企业，其产品就是服务。在服务中营销，在营销中服务。研究表明，争取一名新客人的成本是保留一名老客人的成本的 7 倍。因此，国外许多酒店都十分重视培养自己的忠诚客户。

酒店也需要营销。拙劣的营销手段必然会给酒店带来不良影响。只有提高营销思维，才能吸引更多客户入住。

1. 掌握客人需求，提供个性服务

酒店，应该成了客人的"家外之家"。客人的需求有共性，但同时我们也应该看到客人需求千差万别。必须努力为客人营造一种宾至如归的感觉，让客人在酒店内能够真正享受到家的温馨、舒适和便利。

2. 管理客人期望，维持合理水平

客人对酒店服务评价的高低取决于他对酒店服务的期望与他实际感受到的服务水准之间的差距。如果酒店服务超过了预期水平，客人就会对酒店的服务感到满意；如果酒店的服务水准没有达到客人的预期水平，即使客观上该酒店的服务水准不错，客人也会产生不满。在既定的服务水平下，要想提高客人的满意度，就必须对客人的期望进行积极的管理。

3. 倾听客人建议，妥善处理投诉

在许多酒店管理者眼里，只要客人住店期间没有对酒店进行投诉，酒店就万事大吉了。殊不知，并不是每个不满的客人都会向酒店诉说自己所受到的不周待遇。一个不满的客人可能会不声不响地入住其他酒店，也可能向周围的每个人诉说他的不满。如此，酒店失去的可能就不止一位不满的客人，而是一批客人。

4. 利用现代技术，加强客人管理

现代信息技术的发展，为酒店的管理创新提供了坚实的物质技术基础。在管理实践中，要充分利用现代信息技术的成果，为每一位客人建立起完备的数据库档案。

通过客人的个人档案，记录下客人的消费偏好、禁忌、购买行为、住店行为等特征。这样，当客人再次惠顾时，酒店就能为其提供个性化服务了，进一步强化客人的满意度和忠诚度。

马里奥特酒店十分重视客人档案的管理工作，其经营者认为，了解客人是维持酒店生命的血液。通过计算机系统，酒店前台在客人办理入住手续的时候就知道：他的房间是否需要一个熨斗；他是否需要一楼的无烟客房。

同样，里兹酒店集团已经建立了近 100 万份客人的个人档案，客人再次入住该集团的任何一家成员酒店，该酒店都可以迅速从信息中心调取其资料，为客户提供所需的服务。

5. 重视保持沟通，提高忠诚程度

在我国大多数酒店里，客人一旦结账离开，酒店与客人的关系就结束了。

这是我国酒店培养忠诚客户的一个薄弱环节。其实，在与客人结束交易关系后，酒店如果还能继续关注该客户，定然会获得意想不到的效果。

6. 构造文化服务产品

谈到酒店文化，很多人都会想到"文化酒店"或"主题酒店"的设计理念。这里，我们所说的文化服务产品不仅限于此，更体现在员工对客服务中的软件文化服务产品，并不仅指体现在表面或被打上硬件"文化标签"的文化酒店或主题酒店。

众所周知，开业或运行多年的酒店，在硬件上是很难转型构建硬件"文化标签"的，但是，在对客服务中却可以把酒店文化的内涵渗透进去，融入员工血液，对客人提供真情而贴心的服务，如此就可以在大众消费者中树立起良好的"口碑"。

7. 满足客人的点滴需求

今天，在酒店市场营销工作中，多数酒店管理者依然会依据经验来进行决策，借助在线旅行社来输送客人、依靠个人情感来留住客人，很少有人会去研究酒店产品、销售价格，更不会对消费者的需求进行分析和研究。其实，只要酒店经营者借鉴一下互联网思维，把分析和满足客人的需求作为市场营销工作中的首要因素，局面完全可以发生改观。

要想实现这个目的，酒店经营者就要一改过去为特定客人群体服务的思维模式，对大众消费者的点滴需求定期进行分析和研究，实现酒店市场向大众消费市场的转型；只有让产品接受大众消费者的考验，才能增加客人的黏性，接触到以前无法触及的客人，如此转型也就形成了。因此，酒店经营者一定要积极进行决策思维模式的转变。

8. 积极进行市场预测与判断

古语"人无远虑，必有近忧"，"凡事预则立，不预则废"是人们在生活中重视预测的最好说明。在酒店市场营销和收益管理工作中，房价与房量分配等指标投放市场最终都是要依靠酒店经营者来决策的。只有树立酒店市场预测的思维标签，酒店经营者在决策工作中才能趋利避害，减少决策中的不确定性。

政治、经济、环境、市场、心理和自然等构成因素，每时每刻都在运动和变化，酒店的市场运行每时每刻都要面临一定程度的不确定性。如果不想在市场风险中失利，减少经营管理的盲目性，就要把市场预测当作决策的前奏；只有对未来影响酒店增加收益的各类因素做出准确的预见和判断，才能"知己知彼，百战不殆"，才能为酒店制定合适的价格。

赞美是酒店服务艺术

在与客户沟通的时候，很多人都会说，客人更在乎我们说什么，而不是我们怎么说！

其实，说什么不重要，重要的是，酒店服务员说的话能否让客人感到舒服。优秀的服务员都能根据不同客人、不同情景通过语言表达，给予客人赞扬，从而让客人感到舒心。

任何一个人都不会拒绝他人的赞美，虽然我们都知道这样的赞美仅是一种礼貌，但听到对方的赞美，依然会飘飘然。对客户多一些赞美，不仅可以融洽气氛，拉近距离，还能让对方开心、舒心。

在酒店服务中，一定要让服务员具备赞赏客人的意识。不管是面对新客人还是老客人，都要通过观察，并找时机去赞美客人。那么，如何赞美别人呢？

1. 赞美对方要真诚自然

赞美，是一个人对他人发自内心的肯定与欣赏，因此，赞美之言必须发自肺腑，而不是挤自牙缝。事实证明，只有真诚、热情的赞美才能真正打动人心！言不由衷、漫不经心、缺乏热情的泛泛赞扬，不仅无法让对方喜悦，还会引起对方的反感和厌恶。

真诚的赞美，其动机一般是纯洁的，并不是为了从对方那里得到什么才赞美。卡耐基说："如果我们只图从别人那里获得什么，那么我们就无法给人一些真诚的赞美，也就无法真诚地给别人一些快乐！"

2. 赞美之言要具体、真实可信

如果服务员说："先生，您这领带真漂亮，看起来显得您更有气质！"听了这样的话，相信很多人都会感到舒服。为什么？因为服务员赞美的话语比较具体，在夸客人的领带好看。

如果服务员说："先生，您真精神，能和您在一块儿交流，我真的感到很愉快！"听到这样的话，相信你也会感到很舒服。为什么？同样，也是因为赞美语言非常具体。

所以，赞美他人使用的语言一定要可信、具体，否则很容易闹笑话。

服务员小孙看到一位女士走了过来，就对这位女士说："小姐，您身材真不错！"

女士说："是吗？我老公说我没腰。"

小孙嘻嘻一笑，说："怎么会呢，这么粗的腰怎会没腰！"

这是赞扬客人吗？本来想赞扬客人，可是却一不留神说漏嘴了，女士当下就不高兴了。小孙自知说错了话，也不敢再继续说下去了。

由此可见，在日常工作当中，不但要培养一种赞扬客人的意识，更要让自己的赞美可信、具体。为了做到这一点，服务员完全可以和身边的同事做做互相赞扬的游戏，做一些赞扬的训练，相信，对客服务就一定会更胜一筹！

3. 对客人的赞美要合乎时宜

赞美的效果在于相机行事、适可而止，真正做到"美酒饮到微醉后，好花看到半开时"。当别人计划做一件有意义的事时，开头的赞扬能激励他下决心做出成绩；中间的赞扬有益于对方再接再厉；结尾的赞扬则可以肯定成绩，指出进一步的努力方向，从而达到"赞扬一个，激励一批"的效果。因此，赞美客人，一定要选择适当的时机。

4. 赞美他人要因人而异

每个人的素质都是不同的，有高，有低；每个人的年龄也都是不同的，有的大些，有的年轻些……事实证明，突出个性、有特点的赞美往往比一般化的赞美更有效果。

老年人一般都希望他人记得他"想当年"的业绩与雄风，同其交谈时，可以多赞美一下他引以为豪的过去。

年轻人，一般都富有朝气，和他们交谈时，可以多赞扬一下他们的创造才能和开拓精神，并举出几点实例证明他的确能够前程似锦。

经商之人，一般都头脑灵活、生财有道，与之交谈时，就可以在这些方面加以赞美。

国家干部，一般都希望自己在他人心中是为国为民的、廉洁清正的，因此，只要从这些方面进行赞美，准没错！

对于知识分子，可以称赞他知识渊博、宁静淡泊……

5. 多夸夸对方的优点

每个客人都有自己的优点，一定有值得欣赏和赞美的地方。如果客人喜欢用各种可爱的表情，可以说："呵，你真开朗，你身边的朋友也一定很开心，跟你聊天很轻松！"这些都不是阿谀奉承，而是发自内心的欣赏。

6. 不要错误地赞美

错误的赞美有哪些？

（1）不清楚赞美对象。如果客人住酒店时带着孩子，只要将孩子哄乖了，你们之间的沟通就方便了。

（2）把赞美当作自己的技能。赞美客人是沟通的润滑剂，是一种从心发出的东西，并不能当作工具使用。

（3）赞美时没有任何感动。翻来覆去地赞美"好漂亮啊"、"真好"、"不错"、"很美"等，说出去自己都觉得假。只有能让客人感动的赞美，才是最实在的！

第七章

S4：服务技巧：提升酒店管理效能

绝非可有可无——服务技巧的重要性

随着社会经济的发展，人民生活水平的提高，星级酒店的客源越来越多，大众客人也成了酒店客源之一。

为了更好地了解和掌握酒店行业，适应不断发展的现代世界的需要，掌握酒店服务意识和服务技巧，是非常重要的；如此，才能更好地适应岗位的需要，给客人带来"意想不到的惊喜"，实现酒店的经营目标。

服务人员会接触形形色色的客人。他们有着不同的性格特点，只有对不同的客人采取不同的服务方式，才是提高服务质量的方法之一。

有人把客人的性格细分成几十种类型，其实完全可以将不同的客人按照性格特征划分为四种类型：活跃型、完美型、能力型和平稳型，针对不同类型性格为他们提供不同的服务。

1. 活跃型客人

这种类型的客人，一般都不太关注他人，也不关注自己。他们外向、多言、乐观，给世界带来了无穷的欢乐。他们喜欢说话，喜欢跟服务员多聊一聊；他们非常感性，喜欢跟服务员建立亲和力。

遇到这样的客人，在服务时一定要有耐心，认真听他所想要表达的东西，适当的时候还可以对他所说的话进行赞扬。只有这样，客人才会对你的服务感到满意。

2. 完美型客人

这种类型的客人，不仅对别人要求严格，对自己也很严格。他们是内向的思考者，生性悲观；由于敏感，往往会提早发现一些危机。他们善于分析，是非常理性而又客观的人。如吃饭的时候会问：为什么吃这道菜？为什么一定要点这道菜？吃这道菜对身体有什么好处？

为这种类型的客人提供服务，必须认真一些。如果有些事情你确实不知道，最好直接告诉他，可以说："我现在不知道，要不问一下其他同事？"在这种类型的客人面前，不要直言不讳地说，这道菜如何好吃、菜的制作多么优良、服务系统是如何的完善……

3. 能力型客人

能力型客人一般都会对他人要求严格，对自己无所谓。他们注意力集中，精力充沛，喜欢以结果为导向，渴望成就感。为他们提供服务的时候，需要多满足他们的自我实现，承认他们的权力和威信。

小张是餐饮部经理，一天他发现新来的一个小女孩在角落里哭泣，上前询问她怎么了。原来，客人在用餐中要求她上菜、倒酒、换骨碟。她没做好，被客人说了几句。

小张安慰她说："新人都要经过这样一个时期，哭一会儿发泄发泄就好了，还是要把工作做好。困难像弹簧，你强它就弱。对于这种客人，他说什么就是什么。他挑不出错，就没事了。"

为这种类型的客人提供服务的时候，要以结果为导向，服从他的支配。

4. 平稳型客人

这种客人一般都不会对他人提出要求，对自己也不苛求。他们性格内向，喜欢做旁观者，属于悲观类型。他们自制自律、平静满足、感受深刻敏锐、不忸怩、情绪稳定、温和乐观、让人安心；他们喜欢支持别人，有耐性，脾气好，不自夸。

这种类型的客人虽然比较随和、安静、容易相处，但在为其提供服务时，一定要和客人多商量，真诚地与他们沟通；而且，一定要耐心地了解他们的真实需求。

每个人的性格都有多重性，甚至矛盾性，几乎都是四种不同性格的组合，服务方法也要各有侧重。为了提高服务能力，就要在下面这些方面下功夫。

（1）提高员工的职业道德。酒店行业人员的职业道德核心思想就是服务，因此，一定要对服务对象负责，让对方满意；要有良好的思想品质，服务态度热情、礼貌、优质，工作清正廉洁、以大局为重，职业修养良好。

（2）让员工做好角色定位。作为酒店人员，应该明确自己在工作中扮演的是服务员的角色，在为客人提供服务的时候，一定要牢记自己的角色。

（3）和客人积极沟通。要充分理解客人的需求，如果客人提出了超越服务范围但又是正当的需求，要积极满足。因为，这不是客人的过分，而是我们服务产品的不足，要尽量满足他们的需要。

（4）重视敬人"三A"。所谓"三A"就是接受（Accept）、尊重（Attention）和赞美（Admire）。首先，要接受酒店的服务对象，接受酒店的服务工作，发自内心喜欢这份工作，喜欢所要服务的客人。其次，要重视酒店的服务对象，重视每一位客人，记住客人的姓名，善用尊称，擅长倾听，善于沟通。最后，要发自内心地赞美客人，在赞美客人时适可而止、实事求是、恰如其分、因人而异。

三到：意到、眼到、口到

1. 意到

在为客人提供服务的时候，要通过微笑把友善、热情表现出来，不卑不亢，落落大方，不能假笑、冷笑、怪笑、媚笑、窃笑。谈话是人们面对面的互动，很多情境都会渗入谈话，直接或间接地影响着谈话效果。所以，在交谈过程中，一定要把握谈话的情境和内容，使双方心情愉悦，使交谈获得成功。

2. 眼到

和客人沟通，要有目光的交流。注视别人的目光，要友善，采用平视，必要的时候仰视。

交谈时，要正视对方，注意倾听，不要看书看报，不要东张西望，不要呵欠连天，不要做一些不必要的小动作，如剪指甲、弄衣服、手指敲打桌面等；应与谈话对象进行目光的交流；在对方讲话的时候，适当地点头或做一些手势，表示自己在倾听，鼓励对方继续谈话。

交谈中，为了更好地认识对方，就要多观察。所谓观察，就是用眼睛去看。要远"观"近"察"，事事留心，时时注意，并养成一种习惯。观察，不仅要用眼，更要用心。要时时留心自己身边的人或事，有目的地进行观察，为自己的学习、交流积聚丰富的素材。

"观察"，更重要的是"察"，不但要看到事物的表面现象，还要抓住事物的本质特征，保持观察的敏锐性，争取有独到的发现。

一天晚上，服务员小王在银楼厅为客人服务。因为主宾刚下飞机，可能有些累，要回房间休息。小王从客人的谈话中得知，客人第二天早上要在酒店用早餐。于是，主动告诉客人开餐时间为 7：00～9：30，早餐地点在菩提园餐厅。

客人让小张落实一下房间号，小张得知客人还没有取房卡，于是就赶在客人用餐结束之前请班长将房卡取到了餐厅。在宴会结束时，客人还念叨着要到一楼取房卡，小张及时地把房卡交到了客人的手里，客人非常惊讶。

3. 口到

谈话是服务员和客户的互动，在交谈过程中，一定要把握谈话的情境和内容，使双方心情愉悦，使交谈获得成功。为此，在谈话过程中，不妨注意以下几个问题：

（1）让对方把话说完。交谈时，要尽量让对方把话说完，不要轻易打断别人或抢接他人的话题，扰乱人家的思想；如果确实需要，可以委婉地用商量的口气问一声，"请允许我打断一下"、"请等等，让我插一句"，这样对方就不会觉得你轻视他了。

（2）照顾到在场的每一位。和客人沟通的时候，不要把注意力集中在其中一两个人身上，要照顾到在场的每一个人。如果对方比较沉默，可以问他："你对这件事怎么看？"

（3）说话不要粗俗，要讲礼貌。只有尊重对方，对方才会尊重你。谈话时，恰当的称呼很重要。如"老头"和"老大爷"、"老太太"和"老大娘"等不同称呼，就能够表现出对他人尊重与否。

（4）说话要留有余地。俗话说，"逢人只说三分话"，在谈话过程中，谈话时对象会有所不同，有初次见面者、有熟人、有朋友……要根据不同的谈话对象来把握谈话时的分寸。

（5）从小事引入。谈话开始，大家一般都会先谈论一些生活中的小事，互相问候。但此类话不能说太多，否则会使人乏味。适当的时候，就要将谈话转入正题。在谈话转入正题时，为了不让他人觉得内容突然，就要从谈论生活小事入手，最好谈论一些与主题直接相关的生活小事，然后因势利导，逐渐把谈话转入正题。

（6）巧妙转入正题。谈话时，常常会出现这种现象：对方谈话离题太远，而你又急于去办别的事。这时，就可以想办法将谈话尽早转入正题。如果对方谈话离题太远，就可以暗示启发他回到正题。

（7）适时发问。提问可以把对方的思路引导到某个话题上来，同时还能打破冷场，避免僵局。但是，发问先要有所准备，不要问对方一些难以应付的问题，如超出对方知识水平的学问、技术问题等；也不要询问人家的隐私，如夫妻感情、对方爱人的相貌、大家忌讳的问题等。

三细：细心、细节、细致

服务质量保持高水平是酒店长久取胜的法宝！

质量是每个细节的有机排列，酒店服务的内涵更多地表现在细微之处，此谓"见微知著，一叶知秋"。一个浅浅的微笑、一句真诚的问候、一个小小的举动，所有的这些细节都构成了完美的服务，体现酒店的真功夫。

所谓细节服务就是，把日常工作中琐碎、细小和繁杂的但客人十分关注的小事情做好，让客人感到满意。酒店所做的事情超出了客人的预期，就会成功，每个人都拥有一流的潜质！

酒店细节服务有"三细"：细心、细节、细致。

1. 细心——细心成就品质

细心就是用心，用心的服务体现的是一种境界，是心灵的飞扬。只要用心对待客人，就会产生一种责任感；责任在肩，就会有一种动力；在动力驱使下，员工就会更加努力：服务更加主动、举止更加文明、微笑更加真诚，模范带头效应更加凸显，酒店的服务品质也会得到总体提升，走向良性循环。

2. 细节——细节决定成败

现代酒店管理对细节服务重视程度越来越高，酒店服务产品的差异性大都来源于细节服务的不同设计。细节服务是酒店服务质量的灵魂，服务品质优劣的关键性反映在细节上。

细节能展现服务特色，可以使服务更完美，更具品位；反之，任何一个细节出现问题，哪怕像一颗"钉子"那么小的环节出错，都可能导致全盘皆输。

3. 细致——满意来自细致

所谓细致就是把服务做到极致。极致的服务应该是以用心的态度，关注每个细节，综合运用规范化、标准化、精细化、个性化的精髓和亮点，立体式全方位地为客人提供服务。这样的服务，客人不仅会满意，也可能会感到惊喜。让客人满意是酒店的基本要求，让客人感动的服务才是酒店不断追求的最高服务境界！

小郭下班后和朋友一起去海底捞吃火锅，这是一家新开业的店，客人络绎不绝。只要当客人结账离开，服务员就会立刻打扫卫生。技能熟练，速度快，效率高。同时，其他服务员就会迅速有序地进行餐具摆放，提高每张桌子的使用率。

等候的时候，服务员端上免费的水果、饮料、零食。看到小郭他们是一大帮朋友，服务员还主动为他们送上了扑克牌、跳棋之类的桌面游戏，供大家打发时间。

在进餐的过程中，服务员会细心地为长发的女士递上皮筋和发夹，以免头发垂落到食物里；戴眼镜的客人则会得到擦镜布，以免热气模糊镜片；客人把手机放在台面上，服务员就会不声不响地拿个小塑料袋装好，以防油腻；每隔15分钟，服务员就会主动更换食客面前的热毛巾。

海底捞以服务见长，其不断推出完善的服务措施也引得餐饮同行争相借鉴模仿。如过生日的客人，会意外得到一些小礼物；如果你点的菜太多，服务员会善意地提醒你已经够吃；随行的人数较少，他们会建议你点半份……

这种服务看似变态，却带来了别样的效果——客人回头率超过了 50%，单店年销售额为火锅连锁巨头"小肥羊"的 5 倍，每天晚上的翻台率多达 5 次。

酒店服务的五个基本功

酒店服务的五个基本功分别是看的功夫、动的内涵、听的艺术、说的技巧、笑的魅力，具体来看以下表达：

1. 看——认真观察，多方确认

酒店服务员要认真观察客人，要目光敏锐、行动迅速；要选择不同的观察角度，如年龄、服饰、语言、气质、态度、行为、交通工具、通信工具、身体语言等。

观察客人的时候，要投入感情。如果遇到了烦躁的客人，要多一些耐心，温和地与之交谈；如果客人依赖性比较强，可以为其提些有益的建议，但不要施加太大的压力；如果客人对产品不满意，对其也要坦率、有礼貌、保持自控能力。

2. 动——减少无关的动作

在为客人提供服务的时候，不要搔痒或抓痒，不要猛扯或玩弄头发，不要当众梳头，不要用手指不停地敲桌子，不要玩弄、挑或咬指甲，脚不要不停地抖动，不要当众化妆或涂指甲油，不要剔牙，舌头不要在嘴里乱动，不要坐立不安，不要打呵欠……否则，你的服务就是不合格的！

3. 听——认真倾听客人

（1）要创造一个良好的倾听环境。

（2）学会察言观色：倾听是通过听觉、视觉媒介，接受和理解对方思想、情感的过程。

（3）使用良好的身体语言，有助于提升倾听效果。

（4）注意回应对方：交谈时，客人说话的时候，如果你一声不吭，毫无反应，会令对方的自信心受挫，说话的欲望就会下降。在和客人沟通时，必须用点头、微笑等无声语言，或用提问等有声语言回应对方。只有这样，沟通才能畅通，才会愉快。

（5）聆听的技巧：不打岔，用行动表示你在听；发问，然后专注倾听。发问时，要正视对方的眼睛；聆听时，要看对方的嘴唇；要有目的地仔细听，听出弦外之音；要把整个情形听完整，了解明示和暗示的内容后再回答。

（6）聆听的体态：听客人讲话的时候，要身体前倾，微笑，点头，附和。

4. 说——学会说话

眼睛可以容纳一个美丽的世界，而嘴巴可以描绘一个美丽的世界。语言是人们进行沟通的最主要工具。酒店服务中，要想运用良好的有声语言和客人保持良好的沟通，在说话时就要做到：

（1）言之有物。说话要有内容，有价值。

酒店服务员在为客人服务时，应以热情得体的言谈为客人提供优质的服务。要让客人通过交谈，觉得你是一个有文化、有品位的人。

（2）言之有情。即说话要真诚，坦荡。

只有真诚待客，才会赢得客人的喜欢。在和客人沟通时，要传递出热情友好的情感，以你的真诚感动客人。

（3）言之有礼。即言谈举止要有礼貌。

中国是一个文明古国，历史上就有"礼仪之邦"的美称，酒店服务尤其要讲究"礼"字当先。所以，在和客人沟通时，一定要彬彬有礼。即使客人态度傲慢，也要始终保持良好的礼貌修养。

（4）言之有度。即说话要有分寸。

什么时候说，什么时候不说，说到什么程度，都是很有讲究的。和客人沟通的时候，要注意场合、对象的变化，只有恰如其分地传情达意，才有利于服务工作。

一次，服务员在整理客房时发现，1508 房间的大理石花架台面的一个角掉落在地面上。服务员发现后立即向大堂副理汇报，经过检查分析，属于人为损坏。

当晚，客人回来后，大堂副理有礼貌地到房间拜访了解。住客是两位外籍妇女。一位较胖，一位较瘦。听到了大堂副理的话，胖女士怒气冲冲地说："昨天晚上我们在客房拍照，我刚坐上台面，一个角便落了下来。当时，我没有穿鞋子，尖角还擦破了皮肤！"瘦女士在旁帮腔说："你们是星级宾馆，怎么能采用质量如此差的设施？"

大堂副理不动声色地听完两位客人的申诉，脑子转了一下，接口道："台面大理石是世界有名的意大利进口货，花架台是放花盆用的，如果由于花盆的重量而使台面破损失角，责任自然在酒店，如果客人因此受了伤，酒店自然会负责。但是，这次事故是因为压了重物才造成的，显然酒店不应负责。"胖女士听了，平静了下来，考虑如何解决此事。

这时，瘦女士用打圆场的口气说："我们住进客房时，就发现台面的一

角有浅浅的裂痕。"经过商量决定,客人只需负担 200 元人民币的赔偿,她们
当场从钱袋中掏钱付清。

5. 笑——给客人一个微笑

客人从踏入酒店大门开始,就希望见到服务员亲切的微笑、热情而真诚
的问候。希尔顿说的"微笑是创造一流服务的法宝"是酒店管理中的至理名
言。只要从心底喜欢自己的工作,放松心情,睡眠充足,把客人当成自己最
亲的人,就一定能发自心底的微笑。

同理心服务技巧

在为客人服务的过程中,"同理心"扮演着相当重要的角色,可以让我
们在既定的事件上,代入他人角色,体会到他人的环境背景,自身生理、心
理状态,接近"他人"在本位上的感受与逻辑。

同理心,又叫换位思考、神入、共情,指的是站在对方立场设身处地思
考。体会到了"同样"的感受,就更容易理解当事人所处状态下的反应,理
解这种行为和事件的发生。即使自己的看法与对方不同,也能够理解对方的
心理、情绪或行为。

北京某酒店的问讯处,几名年轻的服务员正在接待办理入住和离店手续
的客人。此时,大门入口处走进两位西装革履的中年人,提着一个沉重的箱
子,径直往问讯处走来。

"您好,需要我效劳吗?"服务员小马刚放下电话,就很有礼貌地主动

问道。

"有件事想麻烦一下。"戴眼镜的中年人有点腼腆，似乎不知从何说起。稍许停顿后，目光投向地上的那只箱子。

"我们一定尽力而为，您说吧！"小马真心实意地说。"我们是××公司的驻京代表，这里有一箱资料，要尽快交给公司总经理，他定于今天下午3点到达这里。我们下午不能来迎接，所以想把箱子先放在酒店里，待总经理一到，请你们立刻交给他本人。"

"请放心，我们一定办到！"小马再三保证。

下午3点，小马做好了交接箱子的准备，但那家公司的总经理还没有到，小马急忙打电话到机场，获知飞机没有误点。可是，由于那两位中年人没有留下电话和地址，小马别无选择，只能接着等。两个小时很快过去了，那位总经理仍然没有来。突然，电话铃响了。

"××酒店问讯处吗？今晨我们留在前台的那只资料箱本是想交给我们总经理的，刚才接到总经理的电话，说他被一位住在××酒店的朋友邀去，决定就住在那儿了。可是，那箱资料，他急用……"依然是前面那位戴眼镜的驻京代表的声音。

"您不用着急，我会设法把箱子立刻送到××酒店的！"小马放下电话后，立即安排一位员工办理此事。

半小时后，那位驻京代表又打来电话，告诉接电话的服务员："请转告小马，箱子已经送到，非常感谢。我们总经理住到了其他酒店，你们不但没有计较，还为我们服务得那么好，真不知如何表达我们的感激。总经理说，下回一定住你们的酒店！"

为客人寄存行李或贵重物品是酒店的常规服务内容，该酒店前台问讯处主动承接未到客人的物品，是一种超常规服务。小马在客人没有肯定入住本店的前提下答应为客人保存资料箱子，是难能可贵的。不仅如此，小马还主动与机场联系，了解班机飞行情况，下班时又能主动交接，体现了优秀员工的高度责任心。最令人感动的是，当客人住到其他酒店时，酒店问讯处不但不恼火，仍满足了他的要求，这样的服务可谓真正做到了家。

同理心服务，就要全身心投入，要站在客人的角度理解信息，为对方着想。没有同理心，沟通效果就会减半！

1. 多和客人进行目光接触

对方说话的时候，要认真倾听。当你说话时对方却不看你，你的感觉如何？相信，大多数人都会认为对方态度冷漠或对你所讲的话不感兴趣。他人通过观察你的眼睛就可以判断你是否在倾听，当他们发现你在认真倾听的时候，谈话的主动性就会增强；同时，与客人进行目光接触，还可以让你精力集中，减小分心的可能性。

2. 多些赞许性的点头和恰当的面部表情

拥有同理心的人，会对对方的谈话内容表示出强烈的兴趣。有效的倾听者会对所听到的信息表现出兴趣，会通过非语言信号，如赞许性点头、恰当的面部表情等，与积极的目光接触相配合，向说话人表明自己确实在认真倾听。你对别人感兴趣，别人也会对你感兴趣！

3. 避免分心的举动或手势

具备同理心的人，在倾听他人谈话的时候，定然不会思想走神。倾听时，通常都不会进行下面这几类活动：看表、心不在焉地翻阅文件、拿着笔乱写乱画等，否则会让说话者感到你很厌烦或不感兴趣。

4. 主动向对方提问

有同理心的倾听者会对自己听到的内容进行分析，并提出问题。这样，不仅可以为倾听提供清晰度，还可以保证对倾听内容的理解，使说话者知道你在倾听。因此，适时加入一些类似于"嗯"、"好"、"行"、"对"、"是的"、"不错"、"太棒了"、"没问题"等简短而肯定的话语，可以鼓励对方继续表达。

戒律：不可为技巧而技巧

从本质上来说，酒店服务就是要最大限度地满足客人的需求。因此，酒店的管理和服务，必须从客人的需求抓起，要根据客人的需要，提供相应的服务。

客人选择酒店是基于需要，酒店千万不能本末倒置，为了技巧而技巧。不可否认，能说会道确实是酒店经营者必须具备的一项重要素质，但如果任何时候都"能说会道"，就会忽视听取客人意见，失去与客人进行沟通的诸多机会。

许多情况下，"说话"未必是件好事，恰恰相反，很可能会把事情搞糟。当服务技巧在一些酒店中已经变成了一种反射，或者正在变成一种反射时，就要正确认识和对待服务技巧了。

1. 尊重与体贴客人

日本酒店，把对客人的尊重、体贴放在了首位，并贯穿于整个服务中。见到客人时，服务人员会亲切地问候，甜美地微笑……处处体现出把客人当成上帝的虔诚性。

每位入住酒店的客人，都希望得到酒店服务员与管理人员的尊敬。因此，在客户遇到困难、感到困惑时，要主动关心和帮助；如果客人感到身体不适，要给予亲人般的体贴、问候和援助。

尊重客人、关心客人是酒店留住老客人、吸引新客人、提高服务质量、与客人建立朋友关系的基础，是服务行业经营管理的生命，也是满足客人受尊重、受关爱心理需求的基本出发点和服务精要。

2. 让客人感到安全与舒适

在马斯洛的"人类需求论"中，人的第二大需求就是对安全的渴望。客人对酒店的最高需要就是安全！

客人入住酒店，总是希望酒店是安全可靠的、设备是完善的、环境是舒适的……在旅途劳累之后能睡个好觉。客人希望酒店内的各种设备设施，使用简单，容易操作。进了客房，就像回到家一样，自然会产生一种舒适的感觉。

一位美国客人入住某酒店。他个性孤僻，不喜言笑，单身，在酒店住了一周，几乎从不开口，不跟人打招呼，更难得让人看到一丝微笑。楼层服务员觉得这位客人很难伺候，任凭他们如何笑脸相待、主动打招呼，看到的都是一张冷若冰霜的脸。

每天早上，这位客人都会去自助餐厅吃早饭。吃完自己挑选的食品后，都会在台上寻找什么东西，之后一声不吭，掉转头走出餐厅。小梅将客人的神情看在眼里。

这天早上，小梅壮起胆询问他，可是对方还是一张冷峻的脸。小梅窘得双颊发红，但是当这位客人正欲步出餐厅时，小梅又一次笑容满面地问他是否需要帮助。

也许是小梅的诚意感动了他，客人终于吐出"香蕉"一词，小梅明白了。第二天早上，客人又来到自助餐厅，左侧一盘黄澄澄的香蕉吸引了他的注意力，在他那紧绷的脸上第一次有了一丝微笑，站在一旁的小梅也喜上眉梢。

只要全心全意为客人服务，就可以博得客人的好评，这在酒店业极为常见。可是，案例中那位沉默寡言的美国客人的一个微笑，其含"金"量就非同一般。小梅用自己的真情开启了美国客人紧闭的嘴，"融化"了铁铸的脸。自助早餐准备一些香蕉，不是什么难事，重要的是了解客人的心理和需求。

（1）坦诚待客，不卑不亢，不要诚惶诚恐、唯唯诺诺。

（2）当客人向你走过来时，无论你在干什么，都应暂时停下来，主动和客人打招呼。当客人和你说话时，要聚精会神，认真倾听。

（3）要面带微笑、和颜悦色、亲切地对待客人。

第八章

S5：服务文化：彰显酒店优雅情怀

心：服务源自真心

我们通常所说的真情服务，含义丰富。

过去，我们对服务的理解是按规矩对客人进行规定内的服务，可是随着第三产业的快速发展，"海底捞"式的人性服务、"顺丰快递"式的门到门服务告诉我们，原来服务可以这样！

在各城市的来往列车上，还出现了许多新的服务方式，和一张张新的服务名片：在开行的列车上，列车乘务员用微笑和关怀关爱着每一位乘客；在车站内，穿行的志愿者耐心地帮助旅客解疑释惑。铁路部门不光从硬件入手改善旅客候车、乘车环境，还推出了一些人性化的服务措施，让旅客在旅途中感受到温馨服务、暖暖真情。酒店服务，更要如此！

一天，酒店中餐厅值台员小可在为客人服务。傍晚，下起了大雨，有位客人很早就来到了餐厅，在厅内等候其他客人的到来。小可为客人打开电视并倒上茶水，客人拿出手机开始打电话，说了有20分钟左右，突然电话中断了。开始的时候，小可以为是没电了，仔细一看，发现是电话费没有了。

客人询问小可："附近哪里有缴费的地方？"小可告诉客人："对面就有，可是已经下班停止营业了。"客人看起来很着急，小可说："现在外面下着雨，到哪儿缴费都不方便，要不我带您到服务台打吧？"客人说，怕有人打电话打不通耽误事。

小可也替客人着急，忽然她灵机一动，说："我们的员工服务社可以缴电话费，就在我们后院。"客人高兴地说："那你带我去吧！"想到外面还下着雨，小可笑着对客人说："外面还下雨，您要是相信我，我帮您去缴，这样您就不用出去了。"

帮客人缴完电话费，小可迅速跑回餐厅。一进餐厅，客人就说："刚才已经收到缴费信息了，谢谢！""没关系，这是我应该做的。"看着客人又继续打电话，小可的心里美滋滋的。

在酒店业，这样的例子还有很多。只有从客人最关心的小事做起，把工作做到他们的心坎上，才能让客人认同和满意。服务的根本要求是，心与心的交流，走进客人的心，从客人的真正需求出发，真心诚意为客人服务。

在这个过程中，服务人员的一言一行，都饱含着对工作的热爱和执着，对工作的理解和创新。只有融入了真心的服务，才能让客人体会到真情的融入。

1. 用心增强服务意识

自己有没有服务意识？如何提高自己的服务意识？酒店完全可以从服务的定义和内涵提升服务，提高服务的含金量，提升服务的品牌意识，详尽分析后，建立一个好的服务体系。

品质优良的酒店必然有一个与众不同的体系、一个运转有效的体系。面对不同的市场、不同的业务、不同的客人和需求，酒店就要采取不同的管理体系和服务模式，包括商业模式、运营模式等，以不断提升服务能力和服务水平，满足客人的需要。

做好常规服务，再做增值服务。要打破以往的框架，为客人提供能力和成本范围内可以为自己加分的服务。这样的加分服务，不仅可以给客人带来惊喜，还能在客人心中留下更深刻的印象。

2. 贴心提升服务水平

如何改进服务质量，提高客人满意度？答案只有一个，"打铁还需自身硬"！要不断提升酒店管理的规范化、标准化、精细化水平，进一步增强基层管理；努力实现酒店的发展升级，促进经营管理流程再造，建立起更加科学、完善、规范、有效的经营管理体制，不断提高酒店的现代化管理水平。

3. 真心服务赢得市场

从大处着眼，小处着手，体现严格管理。让客人印象深刻的往往不是惊天动地的大事，而是在服务品牌意识上，让客人感动、记忆深刻的往往都是些不起眼的小事，从服务态度上体现服务品牌。只要真心为客人提供服务，才能赢得市场！

善：善心善念善行

宇宙的真理是——善！宇宙的一切事物本性中都有善，它是纯净纯善的。

善心是意识形态的东西，它驻扎在人们的思想和灵魂深处，不易觉察。

善行不一样，总是通过一些事件或行为表现出来，并被人们赋予特殊的情感，所以常常为世人所关注、所铭记。

酒店之间的竞争，先是产品的竞争，提高产品的质量、降低成本是增强酒店竞争力的有效手段。但随着酒店市场竞争加剧，客人消费意识的提高和对附加值的追求，酒店的竞争就越来越表现为服务质量的竞争了。

酒店服务质量提高，是维护酒店品牌的基本保证，注重酒店服务质量是酒店品牌建设的重要内容。而且，服务本来就是酒店提供的主要产品，服务的最高目标就是让客人满意。

如果没有服务意识，对自身本职工作业务不熟悉，没有很好地掌握基本的应变能力，要想做好服务工作，就等于是纸上谈兵。要想自觉培养服务意识，就要先培养与人为善的意识，服务别人就是在与人为善。

在酒店服务文化的建设中，必须抛弃传统文化中的糟粕，以一种真诚、纯洁的服务理念和服务精神，去培养员工的服务意识，多行善事！

一个深夜，一对老夫妻走进一家旅馆，他们想要一个房间。前台服务员回答说："对不起，我们旅馆已经客满，一间房也没有了。"看着这对老人疲惫的神情，服务员同情地说："但是，让我来想想办法……"

服务员将老人领到一个房间，说："也许它不是最好的，但现在我只能做到这样了。"这间屋子又整洁又干净，老人愉快地住了下来。

第二天，老人到前台结账，服务员却对他们说："不用了，因为我只不过是把自己的房间借给你们住了一晚——祝你们旅途愉快！"原来，服务员在前台值了一个通宵的夜班。

两位老人十分感动，说："孩子，你是我们见过的最好的旅店服务员，你会得到报答的！"服务员笑了笑，说："这算不了什么。"

几个月后，服务员收到一封信，打开一看，里面有一张去纽约的单程机票，还有一封简短附言，聘请他去做另一份工作。他来到纽约，按信中标明的路线来到一个地方，抬眼一看，一座金碧辉煌的大酒店耸立在他眼前。

原来，几个月前他接待的是一对拥有亿万资产的富翁夫妻。他们为这个人买下了这座酒店，并坚信他能经营好。

遇到需要帮助的人时，你是否愿意停下来为他们想想办法？或许在不经意间，受帮助的不仅是别人，还有你自己。

心存善念，多行善事！自己就是自己最重要的贵人，酒店服务亦是如此！

（1）每天都要带着愉悦的心情，用一颗真诚的心去面对每一个客人。一个小小的手势或善意的眼神，都可以悄然将客人的不满彻底抹去，迎接你的必然是满意的笑容。

（2）只要传递一个真诚的微笑、善意的眼神，就会向酒店奉献出一份爱心，慢慢地，你会发现，身边的一切都会变得美妙起来。

服务是一面真诚的镜子，不仅可以照射出客人心情，还可以反射出服务的品质，它是在用心呵护客人的心情和心灵。因此，一定要站在客人的角度思考问题，急客人之所急，想客人之所想，身体力行地为客人提供服务、解决困难，尽一切办法给客人带来效益和方便，让每一位客人都满意而归，用真诚和行动赢得客人的信赖。

美：修炼服务美学

酒店服务既是一门技术，又是一门艺术。

按照"美的规律"生产的意义，技术与艺术是相通的。也正是在这个意义上，可以将具有灵巧性、艺术性的酒店服务称为服务艺术；服务艺术是服务主体刻苦修炼的结果，是服务主体在服务实践中，探索、掌握"美的规律"、服务艺术规律的结果。

酒店服务是一种职业行为，需要进行职业培训。服务艺术作为以创造文化审美体验为特征的服务方式或服务模式，更需要服务员刻苦修炼。

服务艺术的修炼，是以熟练掌握一般职业技能标准所规定的技能为基础的。进行服务艺术的修炼，根本上是要养成一种艺术（审美）的感知———思维方式和工作方式，掌握艺术化服务的方法和技巧。

修炼主要包括以下几个方面：

1. 掌握丰富的专业知识

掌握知识以一定的能力为前提，而掌握知识又会促进能力提高。

不同的客人，知识背景是不同的，其消费动机和行为也不一样，因此，酒店服务员就要具备相应的文化知识结构和广泛而丰富的服务知识。此外，要想掌握服务艺术，还必须掌握心理学知识、美学知识和艺术知识，逐渐提高服务的针对性和审美文化含量。

2. 提高服务技能

要提高服务员的三种技能：概念与意象技能、人际关系技能、专业技术技能。

（1）概念与意象技能。指的是接受和创新概念、观念与意象、形象的能力。服务艺术是从习以为常的服务动作和程序中发现问题，创新服务，不仅需要产生和接受新理念，还需要提炼和创造新意象、新形象。

（2）人际关系技能。指的是创造和谐的人际关系、善于控制自己的情绪、能积极影响别人情绪的技能。这一技能对于酒店业特别重要。

（3）专业技术技能。指的是需要反复操作的服务技能。不仅指办理订房手续、客房清理、餐厅摆台等，还包括形象观察的技能、语言表达艺术技巧、创造和美化酒店及其服务形象的技能。

3. 打造健康的人格

良好的人格品质以及健康心理，是成功进行创造性活动（包括服务艺术活动）的基本条件和必要前提。人的道德感、真理感和美感，是人格修炼的重要内容。

（1）道德感。要自觉遵守职业道德规范，以客为尊，努力为客人提供非常满意和令其无比喜悦的服务。

（2）真理感。要努力钻研服务工作和服务艺术规律，不断提高服务品质。

（3）美感。要养成高雅的审美趣味。

酒店设施的静态美与服务活动的动态美的有机结合，可以带给客人美的享受。服务艺术的培训或修炼，不仅要向员工传授与其工作相关的技能，更要培养他们的创造和创新精神，并用以指导服务实践。

酒店服务无大事，多是一些细微琐碎的小事。小事做细做精才能做好，做不细做不精就可能做不好。因此，在细微之处下功夫，是每一位优秀员工必须修炼的一门功课。

酒店的客房服务员在碰到外地客人询问"××地方如何去"时，不能简单地指一下方向和道路就了事，而要拿出一份市内地图详细介绍方位、坐车路线、里程数、可能碰到的相同地名或相似建筑物名称等，令客人一目了然，倍感细微和精确之至。

4. 重视形象的影响

无论是酒店设施、环境，还是服务员的仪表、服务行为，都以其形象作用于人的感官，成为客人体验和审美享受的对象。

比如，餐饮服务不仅要以其餐厅装饰、设计、背景音乐、菜肴的颜色和造型，以及服务员的仪表、动作、语言等作用于人的耳目感知，而且还要以其菜肴的味、香作用于人的味觉、触觉和嗅觉，这些是构成餐饮形象的共同特征。

构建形象的方法要求从创造良好的酒店形象出发，进行服务设计和服务提供；服务员要训练并养成形象感知能力、形象创新能力、形象分析与批判能力，以及无形事物有形化的能力。

5. 抓住瞬间，积极训练

主动创设情境，提供设定的人、事、场景等服务素材，让服务员围绕让客人满意进行练习，提高在不同场合、不同时间工作的能力。

针对不同的服务对象，要灵活地做好接待服务工作，提高表情、语言、接待和仪表艺术的技能与技巧。即使每个服务过程都是一瞬间，都是使客人"满意＋惊喜"的机会，酒店服务形象就是由一个个瞬间服务形象构成的！

6. 积极开展小组讨论

可以成立小组开展活动，互相切磋、共同提高。小组成员不仅要吸纳同一个服务部门的人，还应该吸收其他部门的人，包括酒店管理人员。小组讨论时，要将具有代表性的问题、难点问题和服务案例、服务的持续改进和创新，作为主要的讨论对象，各抒己见，集思广益，合力攻关，不断提高酒店的服务品质。

好：呈现最好结果

在市场中，客人的需求会随着技术的进步和消费的潮流而不断发生变化，酒店只有主动、及时地迎合客人的新需求才能求得生存与发展。而且，一流的酒店不仅能满足客人的新需求，还能够满足客人的潜在需求。

客人需求的无限性，决定了酒店在服务的道路上是永无止境的。服务工作是永无止境的，它没有最好，只有更好。酒店员工必须树立起强大的敬业精神，在服务中不断追求，扩大自己的知识面，加深对客人的了解。只有如此，才能不断提高自身的服务水准，才能让酒店获得持久的发展动力。

有一对夫妇第二次去美国旅游，住进了上次所住的酒店，因为酒店的服务让他们非常满意。酒店规定，客人对客房里任何一项物品不满意，都可以要求整套更换；而且，酒店还专门为他们派了一个侍者，如有需要，按下电铃，侍者马上就会来为他们服务。

到酒店后，侍者细心地将他们的随身物品从旅行包里取出来，将所有的东西都整理好。最后，侍者拿起他们塞在包里还没来得及看的报纸，问："我可以帮你们把报纸熨一下吗？"妻子想，把报纸熨一下？开玩笑吧！于是，幽默地说："当然可以！如果方便的话，请给我们的机票打点蜡。"

侍者听后，为难地说："夫人，我很乐意听从您的吩咐。但是我想，我一定是一个不合格的侍者。""为什么这样说呢？"妻子好奇地问。

"我们应该悉心体会客人的需求，不等客人开口就知道客人想要什么，然后才能为客人提供更好的服务。"侍者解释说，"但是，夫人，您吩咐我给机票上蜡，我却不明白您的意图何在。""这只是开玩笑而已！那么，你把报纸熨一下的意图何在呢？"

"把报纸熨一下，油墨就不会沾到您的手上了。"原来如此！这对夫妻既惊讶又感动。在她们看来，一家已经把服务做得非常优秀的酒店，还能如此不断地精益求精，不断把服务做得更加精细，实在是匪夷所思。正是这个原因，让他们在第一次入住的时候就喜欢上了这家酒店。

从上面的故事中可以看到，酒店之所以能把服务做得如此出色，主要就在于其是以"服务没有最好，只有更好"的经营理念驱动着。确实，每个人只有如此要求，才能在服务中用心注意每一个细节、真心关心客人，然后给他们提供人性化的帮助。

要想在服务的道路上永不止步，每个人都要具备一种敬业精神，热爱自己的工作，把敬业变成一种职业习惯。只有这样，才能把"服务没有最好，只有更好"的理念深植于内心，才能不断积累经验，从而全心全意、尽职尽责地投入工作。

没有最好，只有更好！这种精益求精的工作态度不管在酒店中都是最可贵的品质。那么，如何才能做到这一点呢？

（1）真心关心客人，用心注意每一个细节，然后向他们提供人性化的帮助。

（2）积极学习，扩大自己的知识面，加深对客人的了解，让服务不断完善。

服务的道路永无止境，酒店必须不断努力。服务应该精益求精，没有最好，只有更好！

和：打造阳光心态

在现代化的商业社会，只有塑造良好的形象，将服务形象定位在最有利的位置，发挥自身应有的魅力，才能彰显服务激情，给客人带去快乐的享受。

充满活力的服务员是最有魅力的，没有人愿意和消沉的人打交道，只有充满活力的形象，才会对客人产生巨大的吸引力。

从 1907 年康拉德·希尔顿开办第一家旅馆到今天，希尔顿酒店集团已经发展成为全球规模最大、知名度最高的连锁酒店之一。希尔顿酒店以"真实、关注、欢快、灵活、周到、诚实、关爱"为酒店的核心价值观，以"让世界充满阳光、让大家感受到热情的温暖"为愿景，以成为卓越的全球化酒店集团公司为使命。

希尔顿酒店文化中"你今天对客人微笑了没有"的酒店礼仪是酒店的精神风貌，内容涵盖了酒店的待客礼仪、经营作风、员工风度、环境布置风格以及内部的信息沟通方式等。酒店礼仪不仅体现了酒店的经营理念，还赋予了酒店浓厚的人情味，对培育酒店精神和塑造酒店形象起着潜移默化的作用。

康拉德·希尔顿十分注重员工的文明礼仪教育，倡导员工的微笑服务。每天他至少到一家希尔顿酒店与服务员接触，问各级人员（从总经理到服务员）最多的一句话必定是："你今天对客人微笑了没有?"正因为有了这个基本理念，酒店才会把每个员工都视为大家庭的一分子。在这个充满爱、充满激情的团队里，员工乐于到公司来，而且以工作为乐。

的确，快乐的工作气氛不仅使希尔顿酒店的员工服务更热情，也使他们的工作效率大大提高。

其实，在具体工作中，一个酒店要想树立富有激情、富有活力的服务形象还需要在很多方面继续努力。想让自己的良好形象升为卓越的形象，就要待人诚实互信，给人以信赖、安全的感觉；建立能做事、会做事、敢做事的形象；善于沟通，表达清楚，使人感觉到亲切、温和；做事有干劲、对人有热忱。

另外，良好的姿势和体态对服务来说也很重要。良好的姿势会使音质优美，空气能完全不受限制地进出肺部，讲话的声音洪亮、和谐，更有力量。良好的姿势使人显得更年轻、热情而有活力；相反，不良姿势会使人显得懦弱、无力，许多人尽管穿着西装，打着高级领带，但看起来仍然无精打采。问题不在于他穿戴什么，而在于姿势。

所以，作为酒店服务员，如果你很消沉，那就要抬起头、挺起胸，一步一个脚印向前走，久而久之就会成为一种习惯。一旦这种形态进入你的潜意识，便会产生勇气。如果能习惯这种方式，就能排除外来干扰，树立活力形象，从而信心十足地迈向成功之路。

（1）服务员不仅要有亲和力，还要充满干劲和朝气蓬勃。一个兴趣缺乏、死气沉沉的员工既是对公司的不负责，也是对客人的不尊重。员工提供的充满活力、充满快乐的服务来自于爱岗敬业的精神，来自于高尚的文明礼貌，来自职业的责任感和自豪感。

（2）在为客人提供服务时，服务人员心中充满爱、充满快乐，客人才会是愉快的。

静：优化服务心智

静，服务意识。

静中含雅，不受外在滋扰而坚守初生本色，秉持初心，改善服务心智模式！

心智模式的形成需要经历一个漫长的过程，每个人从小到大的成长经历和所见所闻，包括家庭和学校教育、生活和工作实践的点点滴滴，都会在脑海中留下深刻印象，形成概念。正是这些印象和概念促使人们对待同一件事情有不同的想法、说法和采取不同的行为方式。

心智模式通常是不易被察觉的，一旦形成，就会让人自觉或不自觉地从某个角度去认识和思考发生的问题，并用习惯的方式予以解决。

酒店协议客户公司新任李经理首次入住，负责该协议客人的销售员刘晓便提前叮嘱同事小张在用餐期间注意观察李经理的喜好及习惯。一会儿，小张高兴地转告她，李经理有一个生活习惯，早餐的时候喜欢吃些白薯，他认为这样利于消化。

由于第二天公司将早餐安排在西餐厅，所以第二天早上刘晓便早早来到二楼餐厅，按照人数准备了相应数量的烤白薯，在客人用餐时及时为客人送上。虽然语言不通，但客人惊喜的表情告诉她客人的满意。

接待方总经理对于小刘的安排给予了肯定，说："细节决定成败，做的很好！"由于饮食的不同，食量的差别，李经理觉得一个白薯有点多，但其他客人有的觉得合适，有的却觉得还不太够，怎样才能让大家都满意呢？

小刘想了一会儿，就有了主意。第二天的早餐，仍然安排在西餐厅，刘晓一早就来到菩提园厨房，取了两个八寸的盘子，让面点师傅将个头差不多的烤地瓜斜切成两段。师傅细心地用花边纸垫底，这样在一个盘内放置了八块白薯。

由于是七个人用餐，小刘便准备了同样的两盘。之后，在客人面前都准备了一个空碟，将两盘白薯放置在桌子中间，这样客人便可以根据食量各取所需了；同时，小刘还提前为客人准备了湿毛巾，方便客人餐后使用。

李经理看到这样的做法，很高兴地说："今天的白薯变小了！"在离开酒店前，李经理说："小刘是一个很好的人，是一个服务非常用心的人。"

心智模式可能是简单的概括性看法，也可能是复杂的理论。但不管怎样，心智模式都会对一个人的思维产生影响，进而影响下一步行动。

某种程度上，心智模式也可理解为一种思维定式。一旦人的心智模式与认知事物发展情况相符，就能有效地指导行动；反之，会使自己好的构想无法实现。比如，有的人对情绪、情感的控制程度高，能够客观辩证地看待人和事，说话办事入情入理、恰如其分，让人心服口服，心情愉快。

1. 正确认识自我

俗话说："人可以走遍天下，却难以走出自己"；"除山中贼易，去心中魔难"。只有做到静坐常思己过，"一日三省吾身"，才能对自己有一个正确的估价。

顺境中，不要错误地认为自己比别人高明，凭自己的能耐一切都能唾手可得。逆境时，不要低估自己，不要把困难和各种不利的条件看作自己的无能，怀疑自己，贬低自己，会动摇生活的信心和勇气。

2. 正确认识别人

古语说得好："海纳百川，有容乃大。"能否认同、接纳你周围的每一个人，承认差异，包容多样，反映了一个人的胸襟和操守的高下。

古人讲："君子周而不比，和而不同！"意思是说，君子善于团结人，但不搞帮派；能与众人协调，但观点与目的并非相同。能够见贤思齐、谦和不争，承认差距、正视现实，接受客观、平和心态，才真正算得上是一种成熟的境界。

3. 正确认识社会

社会具有多样性、差异性、丰富多彩性和与时俱进性，因此，必须以发展的眼光客观、全面、科学地认识社会。

日常生活中，人们都会面临许多现实问题，如理想追求遭遇挫折的焦虑、人际关系不和谐的痛苦等，特别是对一些社会阴暗面、潜规则的东西，不同的人在自控力和应对方式上表现出很明显的差异。比如，把遭遇挫折比作一堵墙，心理不成熟者的态度是撞墙、痛苦，而心理成熟者是找梯子翻过这堵墙，或绕过这堵墙。

致：追求精致圆满

《财富》杂志专栏作家托马斯曾说过这样一句话："一个客人决定是忠诚还是背叛，都由在你公司的一系列遭遇的总和构成的。"酒店的员工在控制着这些遭遇的发生。因此，酒店要想获得客人的忠诚，就必须先拥有员工的忠诚，在此基础上进一步提高员工的服务技能和技巧，有效地为客人服务。

当然，服务员所具有的思想素质、业务能力是主要的，也是服务员应该做到的。但是，在工作中，有些服务员即使思想素质高、业务能力强，有时也会让客人心中产生不舒服的感觉。为什么？因为缺乏服务技巧！

是否具有高水平的服务技巧，是衡量主动服务与规范的标致。也可以说，客人在与酒店服务员的接触中，感受最多、最深的就是服务技巧。有时，甚至服务员服务技巧的高低，会决定客人是否忠诚。

这天，客房服务员小于接到了 404 房间已经退房客人的电话，客人来电查找遗留的手机。当客人得知手机被完好保存时很高兴，遗憾自己已经回临沂，只好让朋友来取，等下次自己来威海的时候再拿。

手机对于现代人工作和生活的重要性不言而喻，小于听出客人的一丝遗憾，主动提出可以为客人快递。客人听后很高兴，很快将收件地址发到了她的手机上。

小于电话联系到快递公司，快递公司一听地址是临沂的一个小乡镇，说："不能直接送达这么偏僻的地方，如果快递，必须再转送一次。"

由于担心中转出岔子，小于立刻联系邮局。对方说，普通邮寄需要 20 天左右，特快专递三天就能到。

为了让客人早一天收到手机，小于自付 20 元邮资，选择了特快专递。为了防止邮递过程中损坏手机，小于找来以前装首饰的硬包装盒，在里面塞上泡沫固定防震，把手机牢牢夹在中间，包装好后又用胶带密封。邮寄后，小于给客人发了一条短信，告诉客人预计到达时间。

三天后的下午，客人来短信确认已经收到。后来，客人专门打电话请总机向酒店领导转达谢意，并表示过一段时间还会再来。

　　酒店服务员一个冷漠的表情、一个善解人意的微笑、一个粗鲁的动作、一句热情的话语，客人都会感受到。一个小小的努力、一个小小的失误，都会产生难以想象的后果。因此，如果不提高服务员的服务技巧，就无法使我们从规范服务上升为主动服务。而要提高服务水平，就必须加强对服务员的服务技巧培训，提升服务技巧水准。

　　21 世纪是一个追求学习的时代：对手在学习，客人也在学习，要么比别人学习得更好，要么就死亡。酒店也是如此！学习服务技巧，必须要有这样的信心和决心。

　　酒店的工作人员要面对许多客人，其实，和他们接触的过程就是服务的过程。那么，什么样的服务态度才能被客人接受，什么样的服务形式才能够被称作是精致的？

1. 不能忽视了微笑服务

　　微笑，能够最直接体现一位服务员的职业素养，能够反映一个人内心的温暖，能够表示对他人的尊重；可以令一个心情沮丧的客人获得一份安慰，能够使一个生气懊恼的客人释放一点压力，可以让一个需要帮助的客人收获感动。

　　一个简单的微笑可以释放无穷力量，可以诠释精致服务的真谛，何乐而不为呢！

2. 积极进行服务的创新

　　酒店可以提供"爱心预约"、"便民雨伞"、"关爱女性"、"爱心等候区"、"儿童艺术墙"等创新服务。只要在长期的实践中多些理性思考，就可以想到很多好创意。

创新，对于服务而言是"营养液"，是培养精致的必需品。通过创新的形式，可以赋予服务生命力和温度，针对不同的人群、节气、时令、环境，发挥想象力并且切实考虑到客人的需求，一个创新的服务方式也就诞生了。

雅：塑造优雅形象

服务礼仪是服务行业中从业人员应具备的基本素质和应遵守的行为规范，也就是说，掌握服务礼仪是任何一个专业服务员必须具备的。在与客人交往的过程中，举止行动和仪容仪表是给客人第一印象的主要因素，这些会影响客人对你的专业能力和任职资格的判断。

优秀的服务员必定是一个具有魅力的人，而这种魅力不是来自其外表或学历，而是来自其平时积聚的涵养，而一个人的涵养往往又是由懂得多少礼仪决定的。

一家知名酒店招聘客人服务员，公司提供的待遇非常优厚，许多人等着总经理面试，大多数应试者推门而入，都没有敲门。当叫到一位年轻人的时候，他在门口敲门问道："我可以进来吗？"总经理说可以，年轻人才进去。几天后，酒店公司便通知这位年轻人去上班。

过了一段时间，年轻人和总经理一起就餐，问总经理看中了他什么。总经理回答说："说老实话，你哪一点都不比别人强，我看中你的是，你进我房间的时候敲了门。敲门说明你很懂礼貌，而懂礼貌，说明你有修养。有修养是做好客服工作最基本的素质，所以我选了你。"

　　修养是一个人内在的品质，一个人的内在品质就是通过外在礼仪表现出来的。作为服务员，一定要掌握良好的待人礼仪，给客人展现一个有修养的服务形象。因为，你代表的不仅是你自己，还有公司。

　　有这样一个故事：

　　我国有一家医疗器械公司与美国客商达成了引进"大输液管"生产线的协议，并于第二天上午正式签字。但就在这时，却发生了意外。

　　当这个公司的总经理陪同外商参观车间的时候，车间里有一位员工向墙角吐了一口痰，然后用鞋底去擦。这一幕让外商彻夜难眠，他让翻译给那位厂长送去一封信："恕我直言，一个员工的卫生习惯可以反映一个公司员工的基本素质。况且，我们今后要生产的是用来治病的输液管。贵国有句谚语：人命关天！请原谅我的不辞而别……"

　　一个员工恶劣的行为让公司失去了一次发展的良机，可见，没有礼仪和修养是一件非常可怕的事情。

　　掌握服务礼仪是非常重要的。掌握了基本的商务活动礼仪，会使你适应商务场合的礼仪要求；掌握了基本的化妆、着装技巧，会使你更加得体大方；了解和掌握接待客人的礼仪细节，会让你的每一位客人宾至如归；掌握了拜访客人的必备礼节，可以让你从细微之处体现对他人的尊重；熟悉与掌握商务餐礼仪规范，在商务餐中"餐"出您的风度与端庄。

　　服务礼仪是表现律己、敬人的一种行为规范。对于酒店来说，礼仪是表现酒店对客人人性化服务和关爱的重要途径。礼仪不仅可以有效地展现一个人的教养、风度和魅力，还展现出一个人对社会的认知水准、个人学识、修养和价值。同时，一个服务员是否讲究礼仪，也时刻影响着酒店的形象。因此，学习礼仪知识、应用礼仪知识是每一个员工的必修课程。

　　一般公司都会在服务礼仪上对员工进行培训，如果公司暂时没有进行这方面的培训，那么每个员工都应该自学这方面的知识。

（1）认真执行公司的"服务礼仪规则"，会让你在服务工作中受益匪浅。

（2）每天早上的晨会、每个周末的培训课以及每个月的团队活动，这些都是你强化服务礼仪，增加服务素质的好机会。

第九章

S6：服务形象：展示酒店独特魅力

酒店服务形象的内涵

世界上最佳的酒店往往都把自己的业务称作服务，为了追求尽善尽美的服务，它们几乎狂热，并因此取得巨大成功。如今，各酒店业相差不大，业务的独占性越来越小，大家纷纷将战场转移到了——服务。

当今时代，所谓的市场竞争，其实就是争夺客户的竞争。这些客户并不是简单的有钱并想购买商品的人，而是有文化素养、价值追求、感情需要的客户。他们之所以要走进酒店，与其说是为了找到住宿的地方，不如说是为了买服务。

任何酒店都可以为自己打造一个好的形象，关键在于如何建立和维护。酒店的形象是脆弱的，树立良好的酒店形象需要解决很多问题。

在竞争激烈的市场环境下，鲜明的形象有助于提高酒店的市场知名度，增强对目标客户的吸引力。那么要想树立良好的形象，就要以服务质量为基本，以服务质量求信誉，以服务质量赢市场，以服务质量取效益，因此，对客服务质量管理是酒店形象树立的核心内容。

所谓酒店形象是指，社会公众对酒店在经营过程中的印象和评价。要想体现出自己的差异性，对于酒店来说，最有效的突破点就是树立良好而又独特的形象。

目前，形象树立的重要性得到越来越多酒店的重视。酒店形象的好坏，不仅包括优质的个性化服务、良好的设施、舒适的住宿条件、便利的交通位置，还包括酒店本身的文化氛围。

酒店良好形象的树立是通过客人的评价体现出来的，所以客人的忠诚是异常可贵的。可是，要想获得客人的忠诚并不是轻而易举的事，毕竟客人可选择的酒店很多，所以酒店的良好形象就显得格外重要。

塑造良好的服务形象，可以增强酒店的竞争力、美誉度，是建立起友谊媒介、密切客人关系的必由之路，关系着酒店的前途与命运。酒店要想成功地塑造良好的服务形象，必须先研究酒店服务形象的特征，其特征主要有：

（1）客观性。服务形象是公众给出的客观评价，不是单纯的主观印象，而是服务态度、内容、方式、手段等在客人头脑中的反映。不管其形象如何，都是一种实实在在的存在。

（2）差异性。服务是以"人"为中心的，不同的服务员要为不同的客人提供不同的服务。由于人们个性差异的存在，服务品质是很难达到一致的，往往含有巨大的差异。

2016年7月的一天，有家酒店823房间的客人马先生退房时，在书桌上留下一封热情洋溢的表扬信，盛赞8楼服务员细致入微的服务让他有家外之家的感受。客人为什么会如此赞誉呢？

马先生在信中写道："我的腰不好，晚上又爱喝开水，8楼服务员在每日检查房间中，注意到了这一细节，给我多垫了一条棉被，还多加了一个热水瓶，在我的椅子上多放了一个靠垫，又根据我的喜好，调整了物品的摆放。

"我还有个习惯，自己使用的毛巾，不会每天更换。服务员非常理解我，看到毛巾用脏了，会留纸条询问我是否需要更换，房间稍有变化，都会留纸条告诉我，询问我这样是否妥当，让我这个老头倍感亲切。"

随着酒店业之间竞争的激烈以及客人需求的提高，酒店给客人提供的不再是单纯的食宿服务及高档的设备设施，更重要的是良好的服务质量与独特的酒店文化。

服务的主体是人，服务的对象也是人，作为酒店就需要以人为本，与时俱进，不断提高服务员的综合素质，不断提高客人满意度，培育更多的忠诚客人。

（3）易变性。这里的易变性，主要包含两方面：①服务的质量检验很难使用统一标准，服务质量的优劣完全取决于服务员的素质。②服务形象会随着社会的变化而变化，公众对服务的要求及评价标准也在不断发生变化，服务形象是一个美与丑相互转化的过程。

如今，很多成功的大酒店都将"追求优质服务"确定为自己的目标。它们认为，只要以服务客人为目标，利润自然会随之而来。因此，为了树立良好的酒店服务形象，酒店就要从以下几方面做起：

（1）树立服务意识。优秀服务来自于正确的酒店经营理念，即以为客人提供优质服务为荣的理念。事实证明，优秀的酒店都会树立服务意识，为客户提供优质服务。

（2）端正服务态度。古人云："诚者，事之所终！"良好的服务态度，诚实守信，是树立良好服务形象的前提，是现代酒店竞争取胜的关键。

诚实守信是端正服务态度的首要支点，如今大多数客人衡量一项服务好坏的标准，已不仅是日常服务的优劣，还包括在服务失误的情况下能否及时补救、真诚弥补过失。当客人对你采取的态度或措施满意时，就会比以前更忠诚于你。

（3）提高服务技艺和效率。精湛的服务技术是获得公众对产品认可的一块敲门砖。如果服务员连基本的服务技能都没掌握，对待工作马马虎虎，自然无法营造良好的酒店氛围，更无法为客户提供令其满意的服务。

服务形象是酒店的一张名片

21世纪是个性化的时代，塑造形象、以形象制胜是酒店生存发展的需要。

随着市场竞争的逐渐加剧，酒店的竞争已不再单纯是产品和服务的竞争，更多地体现在酒店形象的角逐上。良好的酒店形象，能给酒店带来经济效益和社会效益。因此，在社会公众面前，要想赢得市场竞争的主动权，就必须拥有良好的服务形象。

对于酒店来说，服务形象至关重要！酒店是企业的一种表现形式，塑造酒店形象就是塑造酒店企业形象，因此，酒店形象问题与企业形象研究密切相关。那么，究竟什么是酒店形象？所谓酒店形象是指，社会公众对酒店在经营过程中的印象和评价。对于酒店来说，要想将自己的差异性表现出来，最有效的突破点就是树立良好而又独特的形象。

酒店形象是社会公众对酒店一切活动及其表现的总体印象，酒店的形象就是客人、社会公众、酒店员工以及相关部门对酒店的整体印象和评价。这是一种对员工、团体气氛、产品、服务、酒店名称、标识等的总体认识，反映了公众对酒店特点和精神的了解和情感。

2016 年 10 月 5 日早上 8：30 有个 100 多人的会议，从 7：00 开始就陆续有客人来到酒店。8：00 左右，有位客人着急地来到总台。他说自己是来参加会议的，坐公交车到的酒店。但因为比较匆忙，下车时，将自己的衣服和化妆箱都忘在车上了，不知能不能找到。

礼宾员听到后，立刻告诉这位客人："请您不要担心，我们可以帮您和公交公司的调度室联系。问一问，可能东西还在车上。要不您把当时的具体情况告诉我，我马上帮您联系。"

客人听后情绪稳定下来，连声称好，并将当时的具体情形告诉礼宾员。

礼宾员让客人上去开会，之后立刻去了离酒店最近的公交车调度室。礼宾员将客人的情况和调度员讲明，果然在调度室看到了客人遗忘在车上的物品。当时，公交乘务员发现后，就将其放在了最近的调度室。

礼宾员马上致电给客人称物品已找到，并且请客人配合一一核对物品。客人非常感谢礼宾员的服务，连声夸奖真是想不到，还夸这个酒店的服务好。

案例中，礼宾员不仅为客户提供前台日常服务，还快速高效地满足了客人的要求。客人对礼宾员的服务满意，就是对酒店满意，这样客人就对酒店的服务形象产生了好感，下次客人就会继续光顾。这就告诉我们，要想树立良好的酒店服务形象，就要具备"金钥匙"服务意识，将服务做精做细，创造满意加惊喜的对客服务效果。

酒店形象树立的根本在于对客人服务质量的管理，客人的满意度主要是通过对服务的评价来体现的。

（1）做好服务管理。服务管理方面的问题最为突出：

服务不规范，如服务员未经允许擅自移动客人的物品、未敲门就进入客人的房间、客房的必备品不全、酒店不供应热水、不开空调等，都会严重影响服务质量。

服务员态度不好，服务意识差，如服务员语言生硬，遇到问题处理效率低下等，也会严重影响酒店形象。

收费不合理，如电话、客房、复印收费标准不正确、不合理等。

（2）保证客人安全。客人入住酒店，酒店就有责任、有义务确保客人各方面的安全。目前，我国酒店还有很多不足之处，主要表现在：客人在酒店丢失财物时，酒店不能及时做好安抚工作，报案不及时；安保人员服务态度生硬，引发客人不满，严重影响酒店声誉，导致不良口碑的传播。

为什么酒店形象很重要

在现代社会中，酒店形象直接作用于酒店的生存和发展。要想在激烈的市场竞争中取胜，就要重视自己的形象。酒店作为一种非基本生活的提供者，要得到公众的支持和肯定，提升自己的竞争力，必须树立和保持良好的酒店形象。只有通过形象的树立，才能在激烈的竞争中赢得发展的空间。

对于酒店来说，塑造良好的形象是十分重要的，下面我们就从四个方面来谈形象塑造对酒店的重要性。

1. 有利于激发员工的自豪感和使命感，增强内部凝聚力

首先，良好的酒店形象能够激发内部员工的自豪感和使命感，提高酒店的士气。从酒店内部来看，良好的形象可以使全体员工在工作中产生同酒店同呼吸、共命运的价值观念。从而最大限度地调动员工的积极性，提高劳动

率，保证酒店旺盛的生命力。

其次，还有助于形成酒店的集体认同，增强酒店的内部凝聚力。集体认同是内部成员对酒店文化、传统、制度、价值、利益和身份的一种自觉认可和接受。一旦酒店形象与生产力中最活跃的劳动者要素结合在一起，便会产生巨大的向心力和凝聚力，产生强烈的主人翁责任感，员工就会积极向上，就会增强自豪感与归属感，在酒店中形成一种团结和谐、积极向上的氛围，有效提高酒店管理的有效性和竞争力。

2. 可以为酒店吸引和保留人才

人才是酒店的创业之源和发展之本，离开了人才，酒店就无法生存和发展。今天，酒店人才依然稀缺，只有拥有良好的形象，才能为创造人才、保护人才和适当使用人才提供适宜的环境条件，才能让人才在酒店内最大限度地发挥优势、在酒店外得到公众的肯定、赞许；同时，保证酒店长期的稳固协调，有力推动其在激烈的市场竞争中持续发展。

小娟是酒店的楼层清卫员，近段时间，她很烦躁，感觉事事不顺，每天做着枯燥乏味的卫生清洁工作，脾气越来越差，和同事之间的关系也越来越紧张，还时不时地受领班的批评。看到自己刚毕业时的宏伟理想好像离自己越来越远，她开始怀疑自己是不是选错了专业，不适合干酒店行业，但也不知道该去做什么。于是，她向酒店提出了辞职申请。

人力资源部接到小娟的辞职申请后，经理按照常规进行了一次离职约见。当问到离职的原因时，小娟坦诚相待。经理觉得，小娟的职业方向不是很明确。小娟学的是酒店服务与管理专业，刚来时对工作满怀热情，想到还有挽回的希望，经理便同小娟进行了一次围绕她的职业规划议题的深入谈话，从她本人的性格、职业特长分析，描绘了她的工作理想，帮助她做了个人职业规划设计。

经过两小时的深入交谈，小娟的眉头舒展开了，对自己的职业发展充满信心，答应人力资源部经理会继续在酒店做下去，并立志在酒店行业进一步发展。

3. 有利于提高公众对酒店产品和服务的品牌忠诚度

良好的酒店形象，不仅能为酒店的客人创造消费信心，还能提高公众对其产品和服务的品牌忠诚度。良好的酒店形象，预先为酒店的产品作了保证，如果客人认为某酒店确实不错，在购买酒店服务前就会对酒店产生认同感，提高忠诚度，在纷乱繁杂、令人眼花缭乱的商品世界中培养起客人对酒店的忠诚，为酒店赢得市场信任，提高酒店信誉。

4. 有助于协调外部社会关系，争取公众的理解和支持

在庞大的社会关系网中，各因素相互依存、相互影响，只有借助其良好的外部关系，才能求得发展。良好的酒店形象是增进社会和政府对酒店的信任和支持，争取社会的重视与帮助的必要条件，不仅可以有效保证酒店对社会资金的吸引，更为酒店带来良好的经营空间，获得更多的发展机会。

良好的形象，可以为酒店带来卓越的发展业绩，使社会各界包括金融、投资、各级政府等产生信任感，为酒店稳定发展提供支持和保证，为酒店的经营活动排除阻力，增加机会。因此，一定要重视酒店形象的培养。

（1）运用形象营销策略和传播工具，强化知名度。可以利用节假日，举办一些活动，赢取和扩大社会的关注，巩固知名度；可以利用大众媒体开展宣传，塑造酒店良好的舆论形象。

（2）提高客人感知质量，深化酒店美誉度。要做到这一点，就要努力突

出酒店的商务人文主题，提升形象的氛围感知；积极进行管理和产品、服务创新，打造鲜明形象特征。

（3）开展形象实施工作，塑造酒店专业化形象。酒店形象塑造是一项复杂的系统工程，具体的工作有：成立专门的酒店形象策划团队；把握酒店形象的发展方向，系统制定形象策略；在形象塑造过程中协调和评估并行。

影响酒店形象的要素

酒店形象塑造，就是要通过酒店文化、制度安排和一系列经营管理活动，给客人留下区别于其他酒店的深刻、良好印象。其成功与否，关系着酒店的经营绩效和持续经营能力，必须引起高度重视。

概括起来，酒店形象的构成要素主要包括以下内容：

1. 内部人员

这里的人员形象可以分为酒店领导者形象、公共关系人员形象和员工形象。

领导是酒店的代表，领导形象体现着酒店的形象。领导的形象好，酒店的形象也会跟着好，这就是心理学上的"光环效应"。

酒店公关人员，在公关活动中既是组织者，又是实施者，是酒店直接与公众联系和交往的代表，在一定程度上体现着酒店的形象。

员工，要直接面对客人，更是酒店形象构成的一个主要因素。

2016年9月12日晚7：00，小曲值班，巡检到总台时，看到当班员工正在接听一个外线电话。从对方和客人的对话中，小曲听到了机票的字眼，但不清楚客人的具体要求。

那位员工可能由于业务生疏不敢作判断，就把电话转给了小曲。小曲从客人含糊不清的表达中听明白了客人的请求。原来，这位客人就住在他们酒店的1202房间，是个日本客人，中文讲得不标准。他在酒店的票务中心买了两张晚上8：20去上海的机票，但由于临时改变行程想把机票退掉，打算第二天重新购买。可是，票务中心已下班。

小曲一边安慰客人一边在脑子里迅速搜索这方面的信息，忽然眼前一亮。客人的目的是把行程改到第二天，根据航空公司的有关规定全额机票是可以改签的，但有个前提条件是必须改签同一家航空公司的机票，否则就只能退票。从客人报出的航班号中，小曲知道这是东方航空公司的航班，只要客人第二天到票务中心改签一下就可以了。

抱着对客人负责的态度，小曲又打电话到民航售票处，咨询了有关问题，回答一致。放下手头的工作，小曲立刻打电话给客人。对方听了非常高兴，还把她的名字给记下了。

2. 酒店管理

酒店，是对系统管理的有效控制。酒店内部各子系统运行正常、充分发挥作用，就能显示出管理水平的高超，就可以在公众中产生良好的酒店管理形象。酒店形象是依靠管理来塑造的管理形象。

3. 酒店实力

实力形象主要体现在两方面：一方面，反映在酒店物资上，如建筑构造、设施设备等，是构成酒店形象的硬件；另一方面，反映在待遇和福利上，如员工的工资高、福利好，说明酒店经济效益好。所以，经济实力是酒店形象塑造的物质基础。

4. 产品和服务

对客人来说，产品和服务是最重要的，是酒店形象的代表。同时，也是最容易受评价的。通过产品和服务形象来反映酒店形象是树立酒店形象的主要途径。

酒店人员形象、管理形象、实力形象，以及产品和服务形象是构成酒店整体形象的因素。这些因素相互作用，构成酒店的整体形象。可是，树立良好的酒店形象成功与否主要取决于客人的评价，所以客人是重中之重。

酒店要生存下去，就必须了解和满足客人的需求。从管理者的角度来看，"客人"一词不仅指可以为酒店带来收入的群体。

（1）内部客人。为了建立以客人为导向的有效服务文化，酒店一定要重视优质的内部服务和满意的内部客人。内部客人概念的含义非常广泛，任何辅助酒店为外部客人提供服务的人都属于内部客人。根据这一广泛的定义，酒店的领导者、员工、各类供应商都属于内部客人。

酒店需要先关注的客人就是内部客人，即酒店的服务人员。在向外部客人宣传酒店的服务理念之前，管理者的主要任务就是向其员工"推销"这一服务理念。在所有的员工中，那些向外部客人提供具体服务的员工最重要。

（2）外部客人。任何商业活动最重要的组成部分就是客人，所有的酒店都会进行各种不同形式的研究，以便获得客人的需求、期望和认知。客人的期望和认知是在不断地变化的，竞争对手也在不断地变换其服务产品。因此，必须随时关注并研究这些变化，让酒店迅速捕捉到变化的信息并采取适当的应对措施。

良好的礼仪礼貌

人与人相识，第一印象往往是在前几秒钟形成的，而要改变它，却需付出很长时间的努力。服务礼仪是一种职业素养，良好的服务礼仪会让酒店增色。

如今，考量现代化酒店的标准早已不是硬件设施的奢华，而是服务意识、服务礼仪的转变。服务员的个人形象不仅体现服务员的基本素质，也折射出酒店的整体形象。因此，加强对服务员个人形象的训练是十分必要的。

礼仪，是礼节的一种形式。简单地讲，就是人们施礼的一种形式，人们在社会活动中的一切行为表现，都是由一定的礼仪形式所反映出来的。

礼貌，指人与人之间在接触交往中，相互表示敬重和友好的行为，体现了时代的风尚与人们的道德品质，体现人们的文化层次和文明程度。

礼貌是一个人接人待物的外在表现，这种表现是通过仪容、仪表、仪态及语言和动作来体现的。礼貌修养表现了酒店的管理水平，事实表明，服务质量的高低，在很大程度上是由服务员的态度好坏集中表现的。

酒店服务员在为客人提供服务的过程中，能否适度地展现礼貌修养，客人对此非常敏感；同时，客人总会把一个人的态度好坏和整个酒店的服务和管理联系起来，然后自觉不自觉地带到各地进行宣传。

礼貌修养是服务员本身素质的具体体现。良好的礼貌修养，不仅给人以好感，自己也会从心里感到真正的美。服务员每天都要接待很多客人，请进来、送出去，都应礼貌当先。

良好的礼貌修养能满足客人的心理需求。酒店属于一种服务行业，销售的商品就是服务。客人入住酒店的心理要求中，首条就是：尊重！

2016 年 8 月的一天，有位客人入住某酒店，要求送洗客衣。当服务员小马为其熨烫衬衫时，发现有一件衬衫的纽扣掉了一粒。因为是件名牌衬衫，所有的纽扣都有图案并与衬衫的颜色相匹配，酒店洗衣房未配有此物。

小马向客人征求意见，客人很豪爽地说："不碍事。"可是，小马却利用下班的时间，到市场寻找同样款式与颜色的纽扣。皇天不负有心人，找了数十家专卖店后，终于买到了同样的纽扣。

当小马再次将清洗的衣服送还客人时，客人惊讶地看到那排整齐的纽扣，客人立刻致电房务经理，连声称赞，说真的有种回家的感觉。

酒店服务工作需要将每件事情都做好，这就要求我们不管遇到什么问题，都要以为客人着想的态度去面对。酒店服务人员要善于注意细微之处，给客人提供舒适及惊喜的服务。

良好的礼貌修养可弥补工作中的不足。在工作过程中，如果出现失误，只要话说到，礼敬到，一般都可以得到客人的谅解。假如操作完善，再配以良好的礼貌修养，那更是锦上添花，从而招来大量的回头客。

总之，酒店服务质量的好坏，很重要的一点是表现在服务员的礼貌礼节上，因此，礼貌礼节是服务质量的重要组成部分。为了做到这一点，可以从以下几方面不断学习：

（1）主动向书本学习。在认真按照酒店要求达到礼貌礼节标准的同时，要多看一些有关的知识类书籍，学以致用，不断提高自身礼貌修养。

（2）向礼貌修养好的人学习。在日常工作生活中，要多向同仁学习，向客人学习，取长补短，让自己不断进步。

（3）强制成为一种习惯。每个人都有一定的劣根性，如果无人监督，一个良好的习惯很难靠自己的意志力坚持而养成，因此，可以利用酒店的监控管理机制，强制自己每时每刻都讲究礼貌修养，长期坚持下来，自然也就成了一种良好的习惯。

丰富的服务知识

酒店服务是酒店的无形商品和无价商品，随时随地地向客人出售。从这个意义上来说，酒店服务也就是服务员为了满足客人的需要而付出的智能和必要的劳动。

1. 给客人带来新鲜感

全新的服务可以给客人带来一种全新的感觉，这是酒店吸引客人的重要因素。要想给客人提供一种全新的服务，要做到这样几点：客房用品的每天更换，及时更新小型绿色植物或鲜花，保持食品、原料的新鲜，做好室内装饰，摆设和安排客人的活动不要重复和雷同。

2. 保持酒店的干净整洁

首先，酒店的设备、设施无论档次高低都必须保持清洁，用具用品要摆放整齐有序。其次，所提供的各种产品都要清洁卫生，仪器要符合国家卫生标准。最后，服务员要面目清秀、着装整洁、讲究卫生。

3. 对待客人要有礼貌

礼貌款待会使客人有种宾至如归之感，具体表现为：友好的微笑，真诚地欢迎，愉快地提供服务，主动满足客人需要但不打扰客人，处处尊重客人……真正的礼貌服务来源于真诚和主动、耐心和周到，礼貌服务反映了酒店全体成员的文化素质和水平。

4. 努力得到客人的信任

酒店服务是建立在服务员的良好职业道德和高度责任心之上的，突出服务的细腻、主动、热情，就会让客人感到舒适、安全、方便，得到客人的信任。

要想得到客人的信任，一方面，要为他们提供所有可能发生事故的安全保障，使客人有绝对的安全感；另一方面，所提供的服务要与价格相符，不能出现任何欺骗行为，使客人对酒店产生信赖感。

5. 给客人以被重视的感觉

重视服务在酒店中往往容易被忽略，而客人对这些细微的服务又格外注重，比如，当某位客人在入住的第二天或第二次入住同一家酒店时，若服务员能叫出他的名字，对方就会感到自己受到了重视而高兴。

6. 积极为客人提供特色服务

酒店经营不仅要求有完备的服务设施和娱乐项目，还要有能在市场竞争中取胜的独一无二的服务项目，特色服务表现在不同的经营项目及服务方式上，以此招徕客人。

7. 提高服务效率

酒店高效率的服务无不受到客人的称赞，快速服务不仅体现在客人的住宿登记方面，而且体现在酒店各部门的日常服务工作，急客人之所急。不管做任何事，都不要让客人等候。

让客人等候是投诉的主要原因之一，反映了酒店工作效率的低下。

8. 给客人一定的归属感

酒店里的一切设备、设施都是为了客人的到来而准备的，所以必须让客人处处感到像在家里一样方便、舒适。

要想做到这一点，就要在了解客人习惯和个人喜好的基础上，献上一片爱心，使客人产生一种"这是我住的酒店"的归属感。这样，不仅会长期从客人那儿受益，还会让客人成为酒店的永久性推销员。

9. 为客人提供特殊服务

这是酒店为方便客人的特殊需要而提供的一种服务，是一种主动的、免费为客人提供的额外服务，如赠送饮品、提供信息、联系用车等。

娴熟的服务技巧

实践证明，娴熟的服务技能，加上科学的操作程序，是优质服务的基本保证！

酒店的服务程序是根据客人的要求和习惯，经过科学的归纳编制出来的。按程序工作就能保证服务质量；随心所欲，不按照规程办事，就会给工作造成被动，影响工作效率，招致客人投诉。

娴熟的服务技能是决定服务质量水平的基础，它包括服务技术和服务技巧两方面：①服务技术，要求各项服务操作和服务接待符合数量标准、质量标准和速度标准，操作规程科学。②服务技巧，是指在不同场合、不同时间、针对不同服务对象而灵活做好服务接待工作，达到良好效果的能力。服务最大的特点就是面对人，而人是复杂的，规程只能提供指南，却不可能提供判断某种服务方式是对或是错的绝对标准。因此，灵活处理非常重要。不管采用哪种方式、手段，只要达到使客人满意的效果，就是成功的。

香港丽晶酒店的礼宾服务在全香港五星级豪华酒店中是数一数二的。丽晶酒店礼宾部的主管考夫特先生说："如何关心客人，如何使客人满意和高兴是酒店服务最重要的事情。"

1980 年丽晶开业时考夫特就从事礼宾工作。多年来，每个到过丽晶酒店和接受过考夫特先生亲自服务的客人，都无不为他提供的"难不倒"的服务所折服。

一次，客人午夜提出要做头发，考夫特和值班员工迅速分头联系美发师，准备汽车，15 分钟内就把美发师接到了酒店。当美发师被引入客人房内时，客人感动地说："这是奇迹！"

还有一次，一对美国夫妇想到中国内地旅游，但要办签证，可是他们直到动身的前一天才提出来。考夫特知道后，立即派一名工作人员直奔深圳，顺利地办完手续。

有人问考夫特："如果有人要上等特殊年份的香槟酒，而酒店中没有，怎么办？"考夫特说："毫无疑问，找遍全香港！如果实在满足不了客人，我会记下香槟酒的名称及年份，发传真去法国订购，并向客人保证，他下次再来丽晶酒店时，一定能喝上这种香槟酒。"

当然，我们不可能完全像考夫特先生那样为客人提供服务。也许我们的酒店业也不具备这种条件，但是，这种做酒店服务所应该具备的全心全意为客人服务的精神和意识，是必不可少的！

（1）提高语言能力。客人可以感知到的最重要的两个方面就是服务员的言和行。

语言是思维的物质外表，体现着服务员的精神修养、气质底蕴、立场性情。语言是服务员与客人建立良好关系、给客人留下深入印象的重要工具。

人们说话时，经常会疏忽了身体语言。可是，身体语言在表达中起着十分重要的作用。在应用语言表达时，一定要适当地应用身体语言，如手势、动作，营造出让客人易于接受和满足的沟通氛围。

（2）培养交际能力。酒店是一个人际往来的场合，每个服务员每天都要与同事、上级、下属等进行普遍的接触，还会与客人发生多样的互动关系。妥当地处置好这些关系，会使客人觉得被尊敬、被重视、被优待。客人这一感触的取得，会对酒店经营的旺盛和品牌宣扬起到不可估计的作用。

（3）提高察看能力。服务员为客人提供的服务有三种：

第一种，客人讲得无比明白的服务需求。只要具备娴熟的服务技巧，就可以做好这一点。

第二种，例行性的服务，即应当为客人提供的、不需客人提示的服务。客人到餐厅坐下准备就餐时，服务员就应该敏捷地给客人倒上茶、放好纸巾或毛巾；带着众多行李的客人一进门，服务员就要上前帮忙。

第三种，客人想不到、没法想到或正在斟酌的潜在服务需求。

快捷的服务效率

服务效率是服务工作的时间概念，也是向客人提供某种服务的时限，它不仅可以体现出服务员的业务素质，还能体现出酒店的管理效率。在当今社会"时间就是金钱"的时间价值观念下，服务效率高不仅能为客人节省时间，还能为客人带来效率。

酒店的每项服务都有具体的效率要求，在部门的岗位技能培训中，应参照各项服务标准，刻苦训练。

M 酒店与 S 酒店同为度假休闲型酒店，一同坐落在美丽的海滨城市，每到节日或周末，度假游玩的人便纷至沓来，令两家酒店的服务员应接不暇。

M 酒店与 S 酒店在规模和档次上没什么区别，所服务的客人也没有区别，都是到这个城市来休闲度假的游客，因此，开业初期 S 酒店生意好的时候，M 酒店的生意也很好。

可是，两家酒店还是有区别的——客人到 M 酒店入住，要等很长时间才能办好手续。每到节假日，酒店大堂里堆满了牢骚满腹的客人，许多客人忍无可忍，发誓下次再也不到这里度假。而 S 酒店的客人在办理入住手续时不会等那么久。结果，M 酒店的客人越来越少，生意淡了，营业收入也就减少了。

在酒店管理工作中，工作效率是大家都需要用心去研究的问题，它直接关系到酒店形象、服务质量等方面的问题，最终体现在酒店的运营上。

高效的工作可以给酒店带来生机与活力，提升员工的工作效率是每个酒店管理者应当去做的功课。

1. 工作决策由合适的人来进行

也就是说，要将合适的工作人员安排到相应的岗位。在酒店管理工作中，工作决策应该让有相对能力的人来进行，从而保证工作方向的正确性。

2. 酒店硬件设施需完善

在日常的工作中，如果一些硬件设备出现故障，会让整个工作被耽搁。因此，为了给客人提供便利的服务，在酒店管理工作中，硬件设施的管理也需要做到位。

3. 工作内容及工作结果公示

有时候我们会发现同一份工作，之前已经被人做过，但别人不知，结果又做了一遍，这样就白白浪费了时间。将工作内容和结果公示，不致让大家做无用之举。

4. 让员工了解自己工作的每一个环节

在酒店管理的工作中，往往会遇到有的员工不知道自己该做什么，或者什么都在做的情况。为了提高工作效率，就要让员工明确自己的岗位职责和工作内容，保证一切有条不紊地进行。

5. 让员工对工作内容进行思考

鼓励员工先进行思考，才能激发出他们工作的积极性和灵感，才能将工作完成得更加出色。对自己的工作岗位缺少思考，员工便会机械地执行，是无法取得理想的效果的。

6. 鼓励员工的工作结果

当员工将某件工作做得十分完美时，就要对这个结果进行鼓励。但是，这里的鼓励是针对结果，而不是工作过程。如果员工工作很辛苦，只能表扬，但不能鼓励。因为，如果其他员工也学习这样的工作过程，很有可能将原本简单的工作复杂化。

作为酒店管理者，应当从多方面着手，让员工积极工作。酒店的每一方面都应当到位，让工作变得轻松、高效起来。

7. 做好内部调查

酒店要建立客人的档案资料，对每位入住的客人进行售前、售中、售后的跟踪调查，征询客人的需求、不满、建议。同时，还要建立内部的管理机制，鼓励员工对管理和销售提出合理化建议和意见。

附：践行"中国服务"，
我们在行动

中国酒店服务创新系列课程
CHINA HOTEL SERVICE INNOVATION SERIES COURSES
从 心 出 发　重 新 定 义

　　随着中国国际地位的与日俱增，一场场大型的国际化接待，让世界对"中国服务"留下了深刻印象，从"中国制造"到"中国服务"，我们下一步更需要研究"中国服务"，推进"中国服务"。创造服务业的品牌一定是从酒店业开始！酒店业走过的36年，始终是我们国家和国际接轨的龙头，现丰更要求我们将"中国服务"品牌化，推广到世界各地。

　　在产品日益同质化的今天，我们要做好的服务就是创新，服务始终是酒店参与市场竞争的一个秘密武器，甚至成为我们酒店的核心竞争力，如果说顾客是我们酒店的生命，那服务就是维持这种生命的血液，所以对于任何一个酒店来说，服务不是一种可有可无的简单策略，而应该将它上升到战略层面，这样才能保证服务理念的真正执行，继而形成一种真正的企业文化！

课程特色

创新 ＋ 专业 ＋ 权威

课程体系

📈 服务提升

五觉沙盘系统（视、听、嗅、味、触）

第三阶 | 卓越服务沙盘定制训练营

和 . 静 . 致 . 雅

第二阶 | 卓越服务场景设计训练营

心 . 善 . 美 . 好

第一阶 | 卓越服务礼仪素养训练营

锦禾智业　www.kingbox.net

第一阶:卓越服务礼仪素养训练营

STEP1 : Excellent service etiquette training camp

　　服务人员的形象与素养是公司的广告牌。现代社会的发展,任何公司的产品和文化都在逐步地人格化。不能够展示出高度职业化的形象与礼仪规范,就等于向客户宣告:"我们不能满足你们的质量和服务要求。我们没有高度的职业素养,我们不在乎你们的满意度,我们的产品和服务都不可靠,你们可以付低价。"糟糕的职员形象及礼仪规范严重地损害、破坏公司的形象。

课程价值

- 全面展示酒店的形象内涵
- 全面展示酒店的文化理念
- 使员工了解服务礼仪的重要性
- 使员工掌握基本的服务礼仪要点及规范
- 使员工懂得塑造与个人风格相适的专业形象
- 使员工改善自己的仪容和职业着装,塑造职业的服务形象

课程特色

发自内心
回报真心
创造爱心

心

善

善作魂
和为贵
心为先

外貌美
形象美
姿态美

美

好

表情好
接待好
沟通好

锦禾智业　www.kingbox.net

第二阶:卓越服务场景设计训练营

STEP2 : Excellent service scenario design training camp

酒店的主要产品是服务，服务分为有形服务和无形服务，有形服务可以用对与错、好与坏的既定标准来评判，而无形的服务却只有在员工和宾客面对面的接触服务过程中才能体现出来。如果说顾客是我们酒店的生命，那服务就是维持这种生命的血液，所以对于任何酒店来说，服务不是一种可有可无的简单策略，而应该将它上升到战略层面，这样才能保证服务理念的真正执行，继而形成一种传承的服务文化。

本课程以众多成功酒店为案例，提炼总结了《酒店四雅服务模式——和、静、致、雅》带您一起身临其境国际化的专业服务，学习全新的服务理念，展现酒店优雅服务风范，重新定义互联网服务模式！

课程价值

* 了解国际化服务理念和未来服务发展趋势
* 了解四雅服务模式全新服务团队打造理念
* 全新改版的服务教学方法。以情绪智商为入口，深入剖析情商对服务感知的影响
* 了解为何建立服务意识，从而形成良好的服务态度，由内而外绽放服务之美
* 打造卓越服务团队，使服务成为核心竞争力，做好服务影响

课程特色

服务心态
身体调畅清和是"和"的最高审美底蕴，乐在工作才能和气生财，打造阳光心态

服务意识
静中含雅，不受外在滋扰而坚守初生本色、秉持初心，改善服务心智模式

服务技巧
精致之致，感受"新"体验，层层剖析、多角度演练，深刻思考提升服务技巧

服务形象
优雅不俗，展现"新"风采，打造员工成为企业亮丽的风景线，塑造服务形象

锦禾智业 www.kingbox.net

第三阶:卓越服务沙盘定制训练营

STEP3 : Excellent service sand customized training camp

为什么要"卓越服务"?"优质服务"有何不妥?如何做到"卓越服务"?

"优质服务"不足以与竞争对手区别开来;不足以建立牢固的客户关系;不足以与竞争对手展开价值竞争而非价格竞争;不足以鼓舞员工,让他们想在工作和生活中做得更好,以及保证发放正确无误的红利。纵观世界顶尖酒店企业的发展历程和经营策略,服务始终是它们参与市场竞争的一个秘密武器,甚至成为它们的核心竞争能力。而我们国内的酒店要想迎头赶上,必须实施卓越服务的战略。

本课程采用体验式训练、角色仿真训练、拓展沙盘训练、专题研修训练、行为测试训练、成果展示训练等多角度升华课程品质,让学员学有所成更学有所获。

课程价值

- 学习刺激顾客的感官(听觉、视觉、味觉、嗅觉与触觉)为顾客创造值得回忆的感受
- 了解如何调动顾客的情感,激发顾客内心(快乐、自豪、高兴等)的情绪,调动他们的情感感受
- 引导顾客去思考、去行动,并从中体会到个体的自由,过程的快乐,进而接受产品与品牌
- 让顾客与品牌形成某种关联,建立个人对品牌的偏好

课程特色

五觉沙盘系统

- **视觉** **吸引眼球**:顾客目光范围所能涉及的所有信息
- **听觉** **激发心跳**:顾客接收的所有关于声音的信息
- **嗅觉** **诱惑心动**:顾客用鼻子感觉到的环境气味
- **味觉** **产生行动**:顾客对商家提供的食物或服务感觉
- **触觉** **身临其境**:顾客消费时身体触碰的所有事物

锦禾智业 www.kingbox.net

| 课程模块 |

预见方能遇见

预见因为标准
遇见因为服务
特色支撑服务
品质构建产品

服务像花儿绽放

精彩展现服务细节
完美诠释中国服务
服务提升品质
服务外塑品牌

服务艺术的魅力

服务是设计出来的
服务是一门艺术
服务需要用心创造
匠人精神诠释艺术

服务优雅呈现

中国服务国际化
国际服务中国化
让中国服务遇见优雅
优雅重新定义服务

| 课程结语 |

当你遇见优雅，当你遇见美丽的酒店人，
一定会有这样一幅画面：一个个着装整洁、仪表端庄、用大方优雅的身姿、
亲切谦和的微笑、规范得体的用语欢迎八方来客，
让我们一起做一个优雅的酒店人！

服务像花儿一样绽放

《酒店服务品质管理与魅力优雅呈现》

优雅重新定义酒店服务文化的品味
——候芳导师

课程特点

课程由"心"开始，改善心智模式，提升服务情商，

将课程与学员的个人成长结合在一起；感受"新"体验，层层剖析、

多角度演练，深刻思考；课程"新"技巧采用体验式训练、角色仿真训练、拓展沙盘训练、专题

研修训练、行为测试训练、

成果展示训练等多角度升华课程品质，让学员"快乐学习，快乐成长"；

展现"新"风采，打造员工成为企业一道亮丽的风景线，

塑造形象、修炼魅力、提升内在、展示风采，通过短期的培训就导入"精、气、神、行、礼"的效果，

学有所成更学有所获。

课程收益

了解酒店服务品质与服务品牌的关系

了解国际化服务理念和未来服务发展趋势

了解优雅服务模式及全新服务团队打造理念

掌握酒店服务质量衡量标准与评价体系

打造卓越服务团队，使服务成为核心竞争力，做好服务影响